社会保险百问百答

国网浙江省电力有限公司 组编

中国电力出版社
CHINA ELECTRIC POWER PRESS

内 容 提 要

本书梳理并精选常见的、与职工利益相关度高的问题，有效普及宣贯社会保险知识。以问答形式简洁明了地介绍相关知识，帮助职工和从事相关岗位人员快速了解社保基本内容和知识点。

本书共分为八个章节，按照险种和内容分为通用篇、基本养老保险、基本医疗保险、生育保险、工伤保险、失业保险、企业年金、个人养老金及其他相关内容。五项社会保险部分，分险种介绍了缴费规则、缴费年限、工伤认定、各项保险待遇；企业年金部分介绍了年金计划的建立、年金的缴费、年金待遇和归属等内容；个人养老金及其他部分介绍了个人养老金制度、开户与缴费、待遇领取等内容，以及购房、落户等与社保相关联的内容。

通过以上八章内容对社会保障作了较为全面的介绍，有助于提升广大参保人员对保险相关政策和自身保险权益的认识。本书适合社会保障管理岗位人员及相关人员阅读。

图书在版编目（CIP）数据

社会保险百问百答 / 国网浙江省电力有限公司组编 .
北京：中国电力出版社，2025.5. --ISBN 978-7-5198-9933-2

Ⅰ . F842.61-44
中国国家版本馆 CIP 数据核字第 2025V2B978 号

出版发行：中国电力出版社
地　　址：北京市东城区北京站西街 19 号（邮政编码 100005）
网　　址：http：//www.cepp.sgcc.com.cn
责任编辑：王蔓莉（010-63412791）
责任校对：黄　蓓　李　楠
装帧设计：郝晓燕
责任印制：石　雷

印　　刷：三河市航远印刷有限公司
版　　次：2025 年 5 月第一版
印　　次：2025 年 5 月北京第一次印刷
开　　本：710 毫米 ×1000 毫米　16 开本
印　　张：7.25
字　　数：105 千字
定　　价：45.00 元

版权专有　侵权必究
本书如有印装质量问题，我社营销中心负责退换

编委会

主　任　冯　华
副主任　王　权　刘　燕　周　晨
委　员　周晓虎　唐　鸣　翁格平　陈　鼎　王　宁　邱略能
　　　　　李　磊　章　坚　郑俊杰　叶周娟　江姜成　王　瑛
　　　　　刘哲偲　王刘晨　李朱悦　王　滢　吴国强

编写组

组　长　周晓虎
副组长　徐得微
成　员　周伟林　李　金　金绘民　徐海深　彭　坤　邢红敏
　　　　　金丽君　沈　忱　杨继崇　王伊彬　汪露梦　马振丽
　　　　　陈思雨　沈　莹　刘博强　钱佳琦　俞孝峰　杨锦安
　　　　　王　博　芮　俊

前 言

社会保障是国家通过立法而制定的社会保险、救助、补贴等一系列制度的总称，旨在为参保者在年老、疾病、工伤、生育等情况下提供物质帮助，使其享有基本生活保障、免除或减少经济损失。我国已建成世界上规模最大的社会保障体系，截至2023年底，全国参加基本养老保险人数106643万人、参加失业保险24373万人、参加工伤保险30174万人、参加医疗保险133389万人。

社会保险与参保人员切身利益息息相关。随着国家日益完善社会保障制度，参保人员对社会保障权益制度更加关心。本书梳理并挑选了职工最为关心的内容，包括基本养老、基本医疗、生育、工伤、失业五项基本社会保险，也涵盖了企业年金、个人养老金等第二、三支柱内容。对各项保险的缴费规则、缴费比例、相关待遇等进行了介绍。本书也可作为普适性读物，提升广大参保人员对自身社会保障权益的了解，维护劳动者社会保障权益。对于新上岗的社会保障管理岗位人员，也可作为专业参考书，有助于快速了解社会保障相关知识。

由于本书内容涵盖较广，编者水平有限，可能存在错误，恳请各位读者指正。

目 录

前 言

第一章 通用篇 ·· 1

第 1 问　社会保险是什么？ ………………………………………… 1
第 2 问　经协商一致，企业可以不为职工参保吗？ ……… 2
第 3 问　企业职工的缴费基数如何确定？ ……………………… 2
第 4 问　参保职工如何查询自身社会保险记录？ …………… 3
第 5 问　新开设企业如何参保？ …………………………………… 4
第 6 问　企业新招职工，应进行何种社保业务？ ………… 5
第 7 问　企业职工离职，应进行何种社保业务？ ………… 5
第 8 问　企业职工到龄退休，应进行何种社保业务？ …… 6
第 9 问　参保信息发生变化，应如何处理？ ………………… 7
第 10 问　如何咨询社会保障相关政策？ ……………………… 8

第二章 基本养老保险 ··· 9

第 11 问　基本养老保险的作用是什么？ ……………………… 9
第 12 问　基本养老保险如何缴费？ ……………………………… 10
第 13 问　什么是养老保险个人账户？ ………………………… 11
第 14 问　享受基本养老保险待遇需满足什么条件？ ……… 11
第 15 问　法定退休年龄如何确定？ ……………………………… 12

1

第 16 问　什么情况下可以提前退休？…………………… 13

第 17 问　档案记载与身份证不一致，如何确定
　　　　 出生年月？ ……………………………………… 14

第 18 问　什么是缴费年限？ …………………………… 14

第 19 问　参加基本养老保险的人员，达到法定退休
　　　　 年龄时，未满最低缴费年限如何处理？ ………… 15

第 20 问　视同缴费年限如何认定？ …………………… 16

第 21 问　养老金每年如何调整？ ……………………… 18

第 22 问　养老金水平与哪些因素有关？ ……………… 19

第 23 问　养老金由哪些部分组成？ …………………… 19

第 24 问　在多地参保如何确定待遇领取地？ ………… 20

第 25 问　基本养老保险如何转移？ …………………… 22

第 26 问　在多处参保可以领取多份养老金吗？ ……… 23

第 27 问　参保人员未达到法定退休年龄死亡的，可以
　　　　 领取哪些待遇？ ………………………………… 24

第 28 问　参保人员达到法定退休年龄死亡的，可以领取
　　　　 哪些待遇？ ……………………………………… 25

第 29 问　参保人员出国定居，其缴费如何处理？ ……… 25

第 30 问　如果离职不缴纳社保了，可以退回缴纳的
　　　　 社保费吗？ ……………………………………… 26

第三章　基本医疗保险 …………………………………… 27

第 31 问　基本医疗保险的作用是什么？ ……………… 27

第 32 问　基本医疗保险待遇包括哪些内容？ ………… 28

第 33 问　什么是医疗保险个人账户？ ………………… 29

第 34 问　什么是医疗起付标准？ ……………………… 30

第 35 问　什么是基本医疗保险报销范围？ …………… 31

第 36 问　在不同医疗机构，医疗保险待遇一样吗？ …… 32

第 37 问　如何办理医疗保险关系转移接续？……………… 33
第 38 问　职工在异地就医，医疗保险可以直接结算吗？… 34
第 39 问　职工医疗保险账户资金富余，可以给亲属
　　　　　使用吗？…………………………………………… 35
第 40 问　享受医疗保险退休待遇的条件是什么？………… 36
第 41 问　参加职工基本医疗保险的个人达到法定退休
　　　　　年龄时，未满最低缴费年限如何处理？………… 36
第 42 问　如何办理异地就医备案？………………………… 37
第 43 问　个人账户资金用完了，医疗费用还可以
　　　　　报销吗？…………………………………………… 38
第 44 问　异地急诊，没有带医保卡怎么办？……………… 39

第四章　生育保险……………………………………… 41

第 45 问　生育保险的作用是什么？………………………… 41
第 46 问　男职工需要参保生育保险吗？…………………… 42
第 47 问　生育保险待遇包括哪些？………………………… 43
第 48 问　享受生育保险待遇的条件是什么？……………… 43
第 49 问　生育津贴如何申请？……………………………… 44
第 50 问　生育津贴如何核定？……………………………… 45
第 51 问　产假的天数如何确定？…………………………… 45
第 52 问　女职工产假期间社保补贴是什么？……………… 46
第 53 问　男职工可以享受的陪产假天数是几天？
　　　　　期间工资如何发放？……………………………… 47
第 54 问　女方未就业，是否可以通过其配偶享受
　　　　　生育保险待遇？…………………………………… 48

第五章　工伤保险……………………………………… 49

第 55 问　工伤保险的作用是什么？………………………… 49

3

第 56 问	工伤保险如何缴费?	50
第 57 问	工伤保险的费率如何确定?	51
第 58 问	哪些情形可以认定为工伤?	53
第 59 问	哪些情况不能认定为工伤?	54
第 60 问	工伤认定有时限吗?	55
第 61 问	申请工伤认定需要哪些材料?	55
第 62 问	工伤待遇有哪些?	56
第 63 问	工伤待遇如何核定?	57
第 64 问	申请工伤待遇需要哪些材料?	58
第 65 问	非全日制用工如何参加工伤保险?	61
第 66 问	工伤保险可以由人身意外保险替代吗?	62
第 67 问	劳务派遣用工发生工伤,工伤责任在什么单位?	63
第 68 问	什么是劳动能力鉴定?	63
第 69 问	对于不予认定工伤的结果有异议,如何处理?	65
第 70 问	劳动能力鉴定由什么机构进行?	66
第 71 问	工伤职工伤残情况变化,应当如何处理?	66
第 72 问	工伤职工从单位离职,其工伤医疗待遇存续吗?	67
第 73 问	企业可以与工伤职工解除劳动合同吗?	68
第 74 问	工伤期间,对工资待遇有什么影响?	69

第六章 失业保险 …… 70

第 75 问	失业保险的作用是什么?	70
第 76 问	领取失业保险金的条件是什么?	71
第 77 问	如何申领失业保险金?	71
第 78 问	失业保险金可以一直领取吗?	72
第 79 问	什么情况下,停止享受失业保险待遇?	73

第 80 问　失业稳岗补贴是什么？ …………………………… 74
第 81 问　失业稳岗补贴如何使用？ …………………………… 75
第 82 问　领取失业保险金人员个人需要缴纳医疗
　　　　　保险吗？ …………………………………………… 75
第 83 问　失业保险待遇有哪些？ ……………………………… 76

第七章　企业年金 …………………………………………… 78

第 84 问　企业年金是什么？ …………………………………… 78
第 85 问　建立企业年金的条件是什么？ ……………………… 79
第 86 问　企业年金的管理机构有哪些？ ……………………… 80
第 87 问　企业年金方案是什么？可以变更吗？ ……………… 81
第 88 问　企业年金如何缴费？ ………………………………… 81
第 89 问　企业年金个人账户是什么？ ………………………… 83
第 90 问　企业年金的领取条件什么？ ………………………… 84
第 91 问　企业年金缴费如何归属？ …………………………… 84
第 92 问　缴纳和领取企业年金，需要交税吗？
　　　　　如何计算？ ………………………………………… 86
第 93 问　企业年金的管理模式有哪些？ ……………………… 88
第 94 问　中小企业如何建立企业年金？ ……………………… 89
第 95 问　企业年金的投资工具包括哪些？ …………………… 90
第 96 问　企业年金计划在什么情况下中止或终止？ ………… 91
第 97 问　职工参加企业年金计划需要满足什么条件？ ……… 92
第 98 问　职工调动或离职，其企业年金如何处理？ ………… 93
第 99 问　职工如何了解所参加的企业年金计划情况？ ……… 94

第八章　个人养老金及其他 ………………………………… 95

第 100 问　个人养老金是什么？ ……………………………… 95
第 101 问　个人养老金如何开户？ …………………………… 95

第 102 问 一个人可以开设多个个人养老金账户吗? …… 96
第 103 问 缴纳个人养老金的好处有哪些? ………… 96
第 104 问 个人养老金支取的条件是什么? ………… 97
第 105 问 个人养老金如何缴费? ………………… 98
第 106 问 个人养老金如何投资? ………………… 98
第 107 问 社会保险对落户有影响吗? …………… 99
第 108 问 社会保险对购房有影响吗? ………… 100
第 109 问 社会保险与人才认定相关吗? ……… 101

第一章 通用篇

第 1 问 社会保险是什么？

答：社会保险是为了保障参保人员在年老、疾病、工伤、失业、生育等情况下依法获得物质帮助而建立的制度。社会保险包括基本养老保险、基本医疗保险、生育保险、工伤保险和失业保险。社会保险由政府举办，并通过立法强制实行，社会保险费由劳动者、企业（雇主）和国家共同筹资。用人单位应当及时为其职工参保，自愿参加社会保险的个体工商户、未在用人单位参保的非全日制用工、灵活就业人员等，可向社会保险经办机构申请参保。社会保险是社会保障体系中的重要组成部分，是社会保障的核心内容。通过为劳动者在丧失劳动能力、疾病或失业时提供基本保障，从而起到维护社会安定和促进经济发展的作用。党的二十大报告明确提出，健全覆盖全民、统筹城乡、公平统一、安全规范、可持续的多层次社会保障体系的目标要求。目前，我国已建成世界最大社会保障体系。截至 2023 年底，全国基本养老、失业、工伤保险参保人数分别达到 10.66 亿人、2.44 亿人和 3.02 亿人。

相关依据：

《中华人民共和国社会保险法》

《国务院办公厅关于全面推进生育保险和职工基本医疗保险合并实施的意见》（国办发〔2019〕10号）

《2023年度人力资源和社会保障事业发展统计公报》

第2问　经协商一致，企业可以不为职工参保吗？

答： 企业不得与职工协商一致不参加社会保险。社会保险是一种强制性的社会保障制度，旨在保障劳动者在特定情况下能够从国家和社会获得物质帮助。依法缴纳社会保险费是用人单位和职工的法定义务，不能通过协商一致而免除。因此，员工与用人单位即使协商一致自愿放弃社会保险，也不具备法律效力。根据《中华人民共和国社会保险法》规定，用人单位应当自用工之日起三十日内为职工向社会保险经办机构申请办理社会保险登记。用人单位不办理社会保险登记的，由社会保险行政部门责令限期改正；逾期不改正的，对用人单位处应缴社会保险费数额一倍以上三倍以下的罚款，对其直接负责的主管人员和其他直接责任人员处五百元以上三千元以下的罚款。

相关依据：

《中华人民共和国社会保险法》

第3问　企业职工的缴费基数如何确定？

答： 企业职工的社保缴费基数一般是根据职工上一年度的月平均工资来确定的，各地的相关部门会发布当年度的社保缴费基数上下限标准，企业和职工根据职工工资收入情况和上下限标准确定缴费基数。

一般情况下，企业经办人需要统计参保职工上一年度收入并计算职工上一年度的月平均工资，包括基本工资、奖金、津贴和补贴等所有收入。需要注意的是，上述数据计算是以税前收入为基准的。如果是新参加工作的职工，则以第一个月工资作为缴纳基数。每年社保基数的上下限一般根据上年度统计局公布的当地平均工资确定，基数下限是上年度当地平均工资的60%，基数上限是上年度当地平均工资的300%。根据职工上年度月平均工资，将其与本地公布的缴费基数上下限对比，并确定缴费基数。如果职工的月平均工资低于下限，则按下限缴费；高于上限，则按上限缴费；在上下限之间的，则以实际月平均工资作为缴费基数。

> **相关依据：**
>
> 《关于规范社会保险缴费基数有关问题的通知》（劳社险中心函〔2006〕60号）
>
> 《国务院办公厅关于印发降低社会保险费率综合方案的通知》（国办发〔2019〕13号）

第4问　参保职工如何查询自身社会保险记录？

答： 参保职工查询自身社会保险记录，可以通过在线查询、线下查询和电话查询等方式进行。

参保人员可以通过官方网站或手机应用进行在线查询。参保职工可以访问国家社会保险公共服务平台门户（http://si.12333.gov.cn）或手机上下载"掌上12333"App，通过用户注册登录后，查询相关记录；也可通过各地的人力资源和社会保障局官网或"掌上12333"App查询。以浙江省为例，可以通过"浙江政务服务网"或"浙里办"App进行查询。线上查询省时省力，为参保职工了解自身的社会保险权益提供了便捷。

参保人员也可以通过线下渠道进行查询。参保职工可以携带本人身份证明材料，前往当地的社保经办机构服务大厅进行查询；在社保服务大厅、社区中心或银行网点的自助终端机上，插入社会保障卡或身份证，根据提示操

3

作查询并打印记录。

此外，也可以通过电话查询。参保人员可以拨打社保热线"12333"，按语音提示输入身份证号码和社会保障卡号进行身份验证后，可查询社保缴费记录。

> **相关依据：**
>
> 《社会保险经办条例》（中华人民共和国国务院令第765号）

第5问　新开设企业如何参保？

答：根据《中华人民共和国社会保险法》，用人单位应当在自成立之日起三十日内申请办理社会保险登记。企业成立后，应在三十日内到所在地的社会保险经办机构办理社会保险登记。需要提交营业执照、法人身份证明、组织机构代码证等相关材料。以杭州市为例，可以通过"浙江政务服务网"在线提交登记申请，也可以前往社保经办机构办理。社保经办机构审核通过后，为企业开立社会保险缴费账户，并核发《社会保险登记证》。企业需与银行签订代扣代缴协议，用于社保费用的自动扣缴。当前，为提高办事效率，不少省市建立了"企业开办一件事"，在企业进行工商注册登记后，自动在企业注册地同步开设社会保险账户，有效地提升了业务办理效率。

用人单位应当自用工之日起三十日内为其职工向社会保险经办机构申请办理社会保险登记。新开设的企业需将全体职工的基本信息、缴费工资等报送社保经办机构，并为其办理参保手续。办理参保登记后，企业需按月申报和缴纳社保费用。社保费用由企业和职工共同承担，具体比例按照国家和地方的规定执行。

> **相关依据：**
>
> 《中华人民共和国社会保险法》
>
> 《社会保险费申报缴纳管理规定》（人力资源社会保障部令第20号）

《国务院办公厅关于加快推进"一件事一次办"打造政务服务升级版的指导意见》（国办发〔2022〕32号）

第6问　企业新招职工，应进行何种社保业务？

答： 企业新招职工后，需为其办理社保参保手续，以确保其享受相应的社会保险待遇。实际操作中，具体步骤包括员工信息收集、参保登记、社保缴费基数、缴纳社会保险费。

（1）员工信息收集。经办人员收集新员工的身份证复印件、户口本复印件、学历证书、劳动合同、户籍地址、手机号码等必要资料。

（2）参保登记。单位经办人员通过企业所在市的社保经办机构官网或社保App，登录企业账户，选择"新增参保职工"选项，填写新员工的个人信息和参保信息。线上提交填写完毕的信息，并上传所需的员工资料。如果是线下办理，则需要将纸质材料提交到社保经办机构。

（3）申报缴费基数。根据员工的工资水平，确定其社保缴费基数，并录入税务系统。如果是新参加工作的参保人员，其缴费基数一般为第一个月的工资。

（4）缴纳社保费。每月按时将企业和员工的社保费用汇入指定的社保缴费账户，确保社保缴费的及时和准确。

相关依据：

《社会保险费申报缴纳管理规定》（人力资源和社会保障部令第20号）

第7问　企业职工离职，应进行何种社保业务？

答： 职工从企业离职，经办人员需要及时为离职人员办理停保手续。一般情况下，停保时间应当与解除劳动合同的时间一致。经办人需及时向社保经办机构提交停保申请，并提供离职证明。

如员工需要将社保关系转移到新单位，原单位应配合其办理社保转移手续，提供必要的社保缴费证明和个人信息资料。传统做法需要员工本人或企业经办人前往当地的社保经办机构进行线下办理社保关系的转移和接续。目前，许多省市已推出相关 App 或在线平台，员工和企业可以通过这些平台自行办理社保关系的转移接续。例如，通过国家社会保险公共服务平台或地方社会保障 App，员工可以自主申请养老保险、医疗保险的转移接续，无须再去社保经办机构办理。部分省市社保转移接续已经实现了"无感"自动接续。例如，浙江省在医疗保险领域已经实现了省内跨地区的无感转移接续，员工换工作或迁居时，无须任何手动操作，系统会自动完成医疗保险账户余额的转移。

若职工暂未重新就业的，在失业期间，可以选择以灵活就业人员身份办理参保手续，继续缴纳养老和医疗保险费用；也可以选择暂停缴纳，等待重新就业后再继续缴纳。

> **相关依据：**
>
> 《中华人民共和国社会保险法》
>
> 《中华人民共和国劳动合同法》

第 8 问　企业职工到龄退休，应进行何种社保业务？

答： 职工达到法定退休年龄后，需要办理基本养老保险和基本医疗保险的退休手续，以及工伤和失业保险的停保、住房公积金的封存等。

职工需向所在单位提交身份证、近期照片、退休申请表等材料，单位审核后，上报至当地社保经办机构。社保经办机构审核退休办理所需材料，确认职工的缴费年限是否符合退休条件，并生成退休人员档案。对于在建立基本养老保险个人账户前参加工作的职工，还需要认定其视同缴费年限。确定职工累计缴费年限后，社保经办机构根据缴费年限、缴费基数、个人账户余额等核定职工养老待遇。职工到龄退休次月起，按月发放至职工的养老金账户中。工伤、失业保险需要进行停保，通常会随着基本养老保险业务联动停保。

基本医疗保险方面，需要办理医疗保险在职转退休，将医疗保险个人账户由在职状态转为退休状态，确保退休人员正常享受退休医疗保险待遇。若参保人员医疗保险缴费年限未满足退休要求，需要按照当地政策进行补缴，一般包括按月补缴和一次性补缴。

职工到龄退休后，需要将住房公积金进行封存处理。封存后，职工可进行公积金账户余额的提取，具体流程需按照当地规定办理。如果职工所在单位建立企业年金的，职工到龄退休后可领取企业年金待遇，具体操作根据所在企业或受托机构的要求进行。

相关依据：

《中华人民共和国社会保险法》
《住房公积金管理条例》（中华人民共和国国务院令第350号）
《企业年金办法》（人力资源社会保障部令第36号）

第9问 参保信息发生变化，应如何处理？

答： 当参保人员的个人信息发生变化时，如姓名、身份证号、联系方式、工作单位等，需及时更新社保信息。

首先是参保人员需根据变更项目不同，准备相应的证明材料。例如，姓名或身份证号变更需提供户口簿、身份证或公安部门出具的证明；联系方式变更需提供个人申请表等。变更申请可选择线上或线下，线上变更通过登录社保经办机构官网或"掌上12333"App，选择个人信息变更选项，填写变更内容，上传证明材料；线下前往社保经办机构，填写"个人信息变更申请表"，并提交相关证明材料。提交申请后，社保部门会对提交的变更申请进行审核，如资料齐全且符合要求，会在系统中更新参保人员的信息。最后，申请人可通过官网、"掌上 12333"App 或电话查询变更结果，确保信息更新准确无误。

相关依据：

《社会保险个人权益记录管理办法》（人力资源和社会保障部令第 14 号）

第 10 问　如何咨询社会保障相关政策？

答： 职工咨询社会保障政策，可以通过线上或线下方式进行。线下咨询可以前往当地社保经办机构或街道社保服务中心，现场咨询工作人员，可以得到最直接和详细的解答。

职工也可以登录所在市的人力资源和社会保障局官方网站，浏览政策文件、常见问题解答等栏目，获取相关信息。也可以拨打全国统一的社保咨询电话"12333"，根据语音提示，进行政策咨询，该热线服务覆盖面广，能够解答大多数社保政策问题。此外，使用社保部门提供的手机应用程序，查询政策信息和办理相关业务，如"掌上 12333"App 可以提供政策咨询、业务办理和信息查询等多种服务。还可以关注当地人力资源和社会保障局的官方微信、微博等社交媒体账号，及时获取最新的政策动态和业务信息。

相关依据：

《社会保险经办条例》（中华人民共和国国务院令第 765 号）

第二章 基本养老保险

第11问 基本养老保险的作用是什么？

答：基本养老保险是国家依据相关法律规定建立的社会保险制度，为劳动者在达到法定退休年龄而解除劳动义务或因丧失劳动能力而退出劳动岗位时提供生活来源。通过立法强制参加基本养老保险，确保职工在年轻时强制储蓄一笔养老资金。对于参保职工个人来说，基本养老保险为参保职工退休后提供了基本生活保障。避免因年老失去劳动能力而陷入贫困。对于参保人员的家庭来说，可以有效减轻家庭在养老方面的经济负担。基本养老保险通过社会统筹和个人账户相结合的模式，保障了老年人有稳定的收入来源，从而减少家庭成员，尤其是子女在养老方面的经济压力。

对于整个社会来说，实行基本养老保险具有促进经济发展、促进社会稳定的作用。养老保险的资金积累可以为国家和地方政府提供长期稳定的资金来源，这些资金可以通过投资运作用于经济建设和社会发展，从而进一步促进国家经济的持续健康发展。基本养老保险通过社会统筹和个人账户相结合的方式，有助于缩小收入差距，促进社会公平，减少因养老问题引发的社会矛盾和不稳定因素。通过政府和社会的共同努力，保障每位劳动者的老年生活,从而维持社会的和谐与稳定。

基本养老保险与医疗保险、失业保险、工伤保险和生育保险等共同构成了一个完整的社会保障网络。完善的社会保障体系可以有效提高社会整体的抗风险能力,为公民提供全方位的保障,增强社会的稳定性和可持续性。

相关依据:

《中华人民共和国社会保险法》

《中华人民共和国劳动法》

第12问 基本养老保险如何缴费?

答: 基本养老保险实行社会统筹与个人账户相结合,基本养老保险基金由用人单位、参保职工缴费及政府补贴组成。参保职工个人缴费基数按照本人收入水平及所在参保地缴费基数上下限确定,参保用人单位缴费基数一般按照本单位职工个人缴费基数之和确定。职工个人缴费比例为8%,单位缴费比例一般为16%。职工应当缴纳的保险费由用人单位从工资中代扣代缴。

企业每月按规定时间申报并足额缴纳基本养老保险费。目前,参保单位一般可以通过电子税务局自行进行社保费用申报,通过协议扣款等方式完成社保费用缴纳。缴费完成后,由地税部门将缴费信息回传至社会保险管理机构,参保人员可以通过社保服务网站、社保服务窗口或社保服务热线查询缴费情况。

相关依据:

《中华人民共和国社会保险法》

《社会保险费申报缴纳管理规定》(人力资源社会保障部令第20号)

《国务院办公厅关于印发降低社会保险费率综合方案的通知》(国办发〔2019〕13号)

第13问　什么是养老保险个人账户？

答： 职工基本养老保险个人账户是社会保险经办机构为每位参保职工设立的，用于记录参保职工缴纳的基本养老保险费和从企业缴费中划入的基本养老保险费，以及上述两部分的利息金额。基本养老保险个人账户一般以居民身份证号为唯一标识，同一参保人员在不同统筹地参保进行养老保险关系转移，可通过身份证号码将相应信息对应起来。早年，企业缴纳的基本养老保险费以一定比例划入参保职工个人账户，按照国家规定，自2006年1月1日起，个人账户全部由个人缴费形成，企业缴费不再划入。也就是说，2006年以后，参保人员个人账户的金额，完全来源于其个人缴费及利息。个人账户每年进行结息，其利率不低于银行定期存款利率，免征利息税。个人账户每年的记账利率具体根据参保统筹地公布利率执行。

相关依据：

《中华人民共和国社会保险法》

《国务院关于深化企业职工养老保险制度改革的通知》（国发〔1995〕6号）

《关于印发〈职工基本养老保险个人账户管理暂行办法〉的通知》（劳办发〔1997〕116号）

《国务院关于完善企业职工基本养老保险制度的决定》（国发〔2005〕38号）

第14问　享受基本养老保险待遇需满足什么条件？

答： 根据《中华人民共和国社会保险法》，基本养老个人账户不得提前支取。参保人员在满足以下条件时，可以领取基本养老保险：①参保人员达到法定退休年龄；②参保人员死亡；③参保人员出国或出境定居。

参加基本养老保险的个人，达到法定退休年龄时，累计缴费满十五年的，按月领取基本养老金。达到法定退休年龄时，累计缴费不足十五年的，可以缴费至满十五年，按月领取基本养老金；也可以转入新型农村社会养老保险或者城镇居民社会养老保险，按照国务院规定享受相应的养老保险待遇。参保人员死亡的，其遗属可以领取丧葬补助金和抚恤金，其个人账户可以继承。参保人员出国或出境定居的，可以终止其基本养老保险关系，并全额退还个人账户储存额。

相关依据：

《中华人民共和国社会保险法》

第15问　法定退休年龄如何确定？

答： 2024年12月底之前，根据《国务院关于工人退休、退职的暂行办法》（国发〔1978〕104号）规定，男职工法定退休年龄为60周岁，女干部法定退休年龄为55周岁，女工人法定退休年龄为50周岁。根据《关于贯彻执行〈中华人民共和国劳动法〉若干问题的意见》（劳部发〔1995〕309号），用人单位全部职工实行劳动合同制度后（也就是1995年1月1日），职工在用人单位内由转制前的原工人岗位转为原干部（技术）岗位或由原干部（技术）岗位转为原工人岗位，其退休年龄和条件，按现岗位国家规定执行。关于不同身份的女职工退休年龄的确定，不同统筹地在以上基础上具体细化，可能存在不同。也就是说，女职工退休年龄，依据其岗位性质可能为50周岁或者55周岁。男职工退休年龄均为60周岁。

2024年9月，《国务院关于渐进式延迟法定退休年龄的办法》发布。从2025年1月起，男职工和原法定退休年龄为55周岁的女职工，法定退休年龄每4个月延迟1个月，分别逐步延迟至63周岁和58周岁；原法定退休年龄为50岁的女职工，法定退休年龄每2个月延迟1个月，逐步延迟至55周岁。个人可以通过人社部门的"法定退休年龄计算器小程序"等进行法定退休年龄测算。职工可以自愿选择弹性提前退休，经与单位协商一致，也可弹性延迟退休，具体根据《实施弹性退休制度暂行办法》(人社部发〔2024〕94号)实施。

> **相关依据：**
>
> 《国务院关于工人退休、退职的暂行办法》(国发〔1978〕104号)
>
> 《关于贯彻执行〈中华人民共和国劳动法〉若干问题的意见》(劳部发〔1995〕309号)
>
> 《国务院关于渐进式延迟法定退休年龄的办法》(2024年9月13日第十四届全国人民代表大会常务委员会第十一次会议通过)
>
> 《人力资源社会保障部　中共中央组织部　财政部关于印发〈实施弹性退休制度暂行办法〉的通知》(人社部发〔2024〕94号)

第16问　什么情况下可以提前退休？

答： 职工办理提前退休，一般包括以下情形：从事特殊工种年限达到规定年限的；实施弹性退休制度后，自愿选择弹性提前退休的。

2024年12月及以前，从事井下、高空、高温、特别繁重体力劳动或者其他有害身体健康（简称特殊工种）的工作，退休年龄为男年满55周岁、女年满45周岁。实施弹性退休制度后，按照规定逐步延迟。根据《劳动和社会保障部关于制止和纠正违反国家规定办理企业职工提前退休有关问题的通知》（劳社部发〔1999〕8号）规定，按特殊工种退休条件办理退休的职工，从事高空和特别繁重体力劳动的必须在该工种岗位上工作累计满10年，从事井下和高温工作的必须在该工种岗位上工作累计满9年，从事其他有害身体健康工作的必须在该工种岗位上工作累计满8年。原劳动部和有关行业主管部门批准的特殊工种，随着科技进步和劳动条件的改善，需要进行清理和调整。新的特殊工种名录由劳动保障部会同有关部门清理审定后予以公布，公布之前暂按原特殊工种名录执行。

2025年1月之后，职工达到国家规定的按月领取基本养老金最低缴费年限，可以自愿选择弹性提前退休，提前时间距法定退休年龄最长不超过3年，且退休年龄不得低于女职工50周岁、55周岁及男职工60周岁的原法定退休年龄。

相关依据：

《劳动和社会保障部关于制止和纠正违反国家规定办理企业职工提前退休有关问题的通知》（劳社部发〔1999〕8号）

《国务院关于渐进式延迟法定退休年龄的办法》（2024年9月13日第十四届全国人民代表大会常务委员会第十一次会议通过）

第17问　档案记载与身份证不一致，如何确定出生年月？

答： 根据《关于制止和纠正违反国家规定办理企业职工提前退休有关问题的通知》（劳社部发〔1999〕8号）文件规定，职工法定出生时间采取居民身份证与职工档案相结合的办法认定。当本人身份证与档案记载的出生时间不一致时，按照"最早最先"的原则，以本人档案中最早的一份有效材料记载的出生时间为准。在《中华人民共和国居民身份证条例》（1985年）公布施行后建立的档案材料，出生年月原则上应以身份证对应的出生年月为准。

相关依据：

《关于制止和纠正违反国家规定办理企业职工提前退休有关问题的通知》（劳社部发〔1999〕8号）

第18问　什么是缴费年限？

答： 缴费年限是指用人单位和职工按照规定缴纳有关社会保险费的累计年限，是计算社会保险待遇的依据之一。它不同于连续工龄，但二者在时间

第二章　基本养老保险

上有一定的承袭关系。缴费年限包括视同缴费年限和实际缴费年限。视同缴费年限是指职工在实行基本养老保险个人缴费之前，按国家规定计算的连续工作年限，包括实行基本养老保险个人缴费前国有企业单位工作的原国家干部和全民固定职工的工作年限、实行《中华人民共和国军人社会保险法》之前（即2012年7月1日前）的军龄、机关事业单位养老保险制度之前在机关事业单位的工作年限（即2014年10月1日前）等。实际缴费年限是参保人员根据国家相关政策制度的规定，实际缴纳社会保险费的时间。简单地说，实际缴费年限一般就是参保人员可以在所在社保统筹地查询到的、有缴费记录的年限。

> **相关依据：**
>
> 《国务院关于深化企业职工养老保险制度改革的通知》（国发〔1995〕6号）
>
> 《关于印发〈职工基本养老保险个人账户管理暂行办法〉的通知》（劳办发〔1997〕116号）

第19问　参加基本养老保险的人员，达到法定退休年龄时，未满最低缴费年限如何处理？

答： 目前，根据《中华人民共和国社会保险法》的规定，参加基本养老保险的个人，达到法定退休年龄时累计缴费满15年的，按月领取基本养老金。达到法定退休年龄时，累计缴费不足15年的，可以延长缴费至满15年，按月领取基本养老金；如果在《中华人民共和国社会保险法》实施前（2017年7月前）参保、延长缴费5年后仍不足15年的，可以一次性缴费至满15年。累计缴费未满15年的参保人员也可以申请转入新型农村社会养老保险或者城镇居民社会养老保险，按照国务院规定享受相应的养老保险待遇。

累计缴费不足15年，且未转入新型农村社会养老保险或者城镇居民社会养老保险的，个人可以书面申请终止职工基本养老保险关系。社会保险经办机构收到申请后，应当书面告知其转入新型农村社会养老保险或者城镇居民社会养老保险的权利及终止职工基本养老保险关系的后果，经本人书面确认后，终止其职工基本养老保险关系，并将个人账户储存额一次性支付给本人。

根据《国务院关于渐进式延迟法定退休年龄的办法》的规定，2030年1月1日起，职工按月领取养老金的最低缴费年限由15年逐步提高至20年，每年提高6个月。

相关依据：

《中华人民共和国社会保险法》

《国务院关于渐进式延迟法定退休年龄的办法》（2024年9月13日第十四届全国人民代表大会常务委员会第十一次会议通过）

第20问　视同缴费年限如何认定？

答： 视同缴费年限的认定应根据原中华人民共和国劳动部办公厅《关于印发〈职工基本养老保险个人账户管理暂行办法〉的通知》（劳办发〔1997〕116号）确定。通过审核职工人事档案，符合相关条件的下列情况工龄可计算为"视同缴费年限"，计入职工累计缴费年限：在人民解放军、武警部队服役，乡村医生（赤脚医生），民办教师，上山下乡、或支援、或去建设兵团，其他国家机关、国有企事业单位工作的原国家干部和全民固定职工的工作年限等，可根据具体实际认定视同缴费年限。

（1）学习期间的工龄：在特定的历史条件下，为了适应培养人才的需要，国家曾在不同时期做过脱产学习期间可以计算工龄的规定。

（2）知识青年的工龄：凡在"文化大革命"期间（或1962年至"文化大革命"前），由国家统一组织下乡插队的知识青年，在他们到城镇参加工作后，其在农村参加劳动的时间，可以与参加工作后的时间合并计算为连续工龄。

（3）临时工、合同工、副业工、轮换工、亦工亦农人员（指国家机关、企业、事业单位按照计划招收的临时人员）、民办教师的工龄：在原工作单位被招、转、顶替为固定工后，其在本单位最后一次当临时工的连续工作时间，可以与被招、转、顶替为固定工以后的工作时间合并计算为连续工龄。

（4）集体所有制人员的工龄：从集体所有制单位调到国家机关和事业单位工作的人员，他们在集体所有制单位专职从事工作、并以工资收入为主要生活来源的连续工作时间与调到国家机关、事业单位工作的时间合并计算为工作年限或连续工龄。

（5）转业、复员、退伍军人的工龄：依照中华人民共和国兵役法，服兵役取得军龄的人员，在他们转业、复员、退伍后又参加国家机关、企业、事业单位工作的，其军龄应与国家机关、企业、事业单位工作的时间合并计算为连续工龄。

具体需根据实际情况进行认定。

相关依据：

《关于印发〈职工基本养老保险个人账户管理暂行办法〉的通知》（劳办发〔1997〕116号）

《人力资源和社会保障部关于城镇企业职工基本养老保险关系转移接续若干问题的通知》（人社部规〔2016〕5号）

《国务院关于深化企业职工养老保险制度改革的通知》（国发〔1995〕6号）

《关于职工在机关事业单位与企业之间流动时社会保险关系处理意见的通知》（劳社部发〔2001〕13号）

《退役士兵安置条例》（中华人民共和国国务院　中华人民共和国中央军事委员会令第787号）

《关于退伍义务兵在等待分配的时间可否计算工龄问题的规定》（民〔1988〕安字19号）

《军人保险法》

《中华人民共和国兵役法》《教育部关于国家职工在校期间工龄计算问题的复函》[（80）教计字279号]

《劳动人事部关于解决原下乡知识青年插队期间工龄计算问题的通知》（劳人培〔1985〕23号）

《劳动部工资局关于临时工被录用为长期工后的工龄计算问题的复函》[（64）中劳薪字第344号]

《国家劳动总局办公室关于"亦工亦农"工的工龄计算问题的复函》[（80）劳险便字41]

第21问　养老金每年如何调整？

答： 国家建立基本养老金正常调整机制，各地区根据职工平均工资增长、物价上涨情况，适时提高基本养老保险待遇水平。调整主要包括定额调整、挂钩调整与适当倾斜相结合的调整方法。定额调整体现社会公平，同一地区各类退休人员调整标准一致；挂钩调整体现"多缴多得、长缴多得"的激励机制，使在职时多缴费、长缴费的人员多得养老金；适当倾斜体现重点关怀，主要是对高龄退休人员和艰苦边远地区退休人员等予以照顾。一般来说，退休人员养老金调整一般在每年年中进行，从调整月起按照新标准发放养老待遇，并补发当年1月至调整月之前的补差金额。调整范围为上一年12月31日前已办理退休的人员。

相关依据：

《中华人民共和国社会保险法》

《国务院关于深化企业职工养老保险制度改革的通知》（国发〔1995〕6号）

《国务院关于完善企业职工基本养老保险制度的决定》（国发〔2005〕38号）

第 22 问　养老金水平与哪些因素有关？

答：基本养老金根据个人累计缴费年限、缴费基数、当地职工平均工资、个人账户金额、城镇人口平均预期寿命等因素确定。

一般来说，个人累计缴费年限包含视同缴费年限加上实际缴费年限，正常情况下相当于工龄，个人累计缴费年限越长，基本养老金越高。缴费基数直接影响个人账户金额，缴存基数越高，个人账户金额越高，缴费指数越高，养老金越高。当地职工平均工资是计算养老金的重要因素，它是体现当地工资收入水平高低的基准线。一般来说，当地职工平均工资是计算养老金的计发基数，因此当地职工平均工资越高，养老金越高。城镇人口平均寿命影响了养老金计发月数，从而影响职工个人账户养老金水平。目前，退休年龄 50 岁、55 岁和 60 岁对应的计发月数分别为 195、170 个月和 139 个月。也就是说，若参保人员 50 岁退休，那么其个人账户养老金就等于个人账户金额除以 195。

相关依据：

《中华人民共和国社会保险法》

《国务院关于深化企业职工养老保险制度改革的通知》（国发〔1995〕6 号）

《关于印发〈职工基本养老保险个人账户管理暂行办法〉的通知》（劳办发〔1997〕116 号）

《国务院关于完善企业职工基本养老保险制度的决定》（国发〔2005〕38 号）

第 23 问　养老金由哪些部分组成？

答：基本养老金由统筹养老金和个人账户养老金组成。根据参保时间和退休时间，可将领取待遇的参保人员分为老人、中人和新人。老人，是指基本养老保险制度改革之前已经办理退休的人员。中人，是指基本养老保险制度改革之前参加工作，养老保险制度改革之后退休的人员，即1997年12月31日以前参加工作、1998年1月1日以后退休的职工。新人，是指基本养老保险制度改革之后参加工作的人员，即1998年1月1日以后参加工作的职工。养老金组成项目表如表2-1所示。

表 2-1　　　　　　　　　　养老金组成项目表

养老金组成项目	老人	中人	新人
基础养老金	按原办法计发	√	√
过渡性养老金		√	
个人账户养老金		√	√

相关依据：

《中华人民共和国社会保险法》

《国务院关于深化企业职工养老保险制度改革的通知》（国发〔1995〕6号）

《国务院关于完善企业职工基本养老保险制度的决定》（国发〔2005〕38号）

第24问　在多地参保如何确定待遇领取地？

答： 按照《城镇企业职工基本养老保险关系转移接续暂行办法》（国办发〔2009〕66号）第六条和第十二条规定，跨省流动就业的参保人员达到待遇领取条件时，基本养老保险关系在户籍所在地的，由户籍所在地负责办理待遇领取手续；基本养老保险关系不在户籍所在地的，而在其基本养老保险关系所在地累计缴费年限满10年的，在该地办理待遇领取手续；基本养老保险关系不在户籍所在地的,且在其基本养老保险关系所在地累计缴费年限不满10年的,将其基本养老保险关系转回上一个缴费年限满10年的原参保地办理待遇领取手续;基本养老保险关系不在户籍所在地,且在每个参保地的累计缴费年限均不满10年的,将其基本养老保险关系及相应资金归集到户籍所在地,由户籍所在地按规定办理待遇领取手续。缴费年限,除另有特殊规定外,均包括视同缴费年限。一地(以省、自治区、直辖市为单位)的累计缴费年限包括在本地的实际缴费年限和计算在本地的视同缴费年限。其中,曾经在机关事业单位和企业工作的视同缴费年限,计算为当时工作地的视同缴费年限;在多地有视同缴费年限的,分别计算为各地的视同缴费年限。多地缴费待遇领取地的确定如图2-1所示。

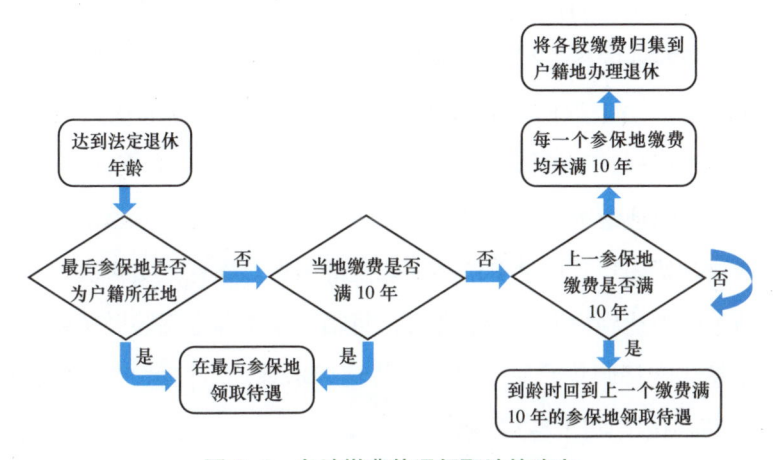

图2-1 多地缴费待遇领取地的确定

相关依据:

《城镇企业职工基本养老保险关系转移接续暂行办法》(国办发〔2009〕66号)

《人力资源社会保障部关于城镇企业职工基本养老保险关系转移接续若干问题的通知》(人社部规〔2016〕5号)

第 25 问　基本养老保险如何转移？

答： 参保人员跨省流动就业的，需办理养老保险转移接续手续，其基本养老保险关系应随同转移到新参保地。人力资源和社会保障部已建立全国基本养老保险关系转移信息系统，转入地和转出地社会保险经办机构已与该系统联网的，通过该系统进行有关基本养老保险关系转移信息交换，实现全程无纸化办理。需办理基本养老保险关系转移接续的参保人员，可通过全国社会保险公共服务平台（http://si.12333.gov.cn）网上办理或"掌上 12333"App、支付宝等办理。跨省流动就业人员办理转移接续手续的条件如下：

（1）参保人员返回户籍所在地（指省、自治区、直辖市，下同）就业参保的，户籍所在地的相关社保经办机构应为其及时办理转移接续手续。

（2）参保人员未返回户籍所在地就业参保的，由新参保地的社保经办机构为其及时办理转移接续手续。但对男性年满 50 周岁和女性年满 40 周岁的，应在原参保地继续保留基本养老保险关系，同时在新参保地建立临时基本养老保险缴费账户，记录单位和个人全部缴费。参保人员再次跨省流动就业或在新参保地达到待遇领取条件时，将临时基本养老保险缴费账户中的全部缴费本息，转移归集到原参保地或待遇领取地。男性满 50 周岁、女性满 40 周岁的转移接续如图 2-2 所示。

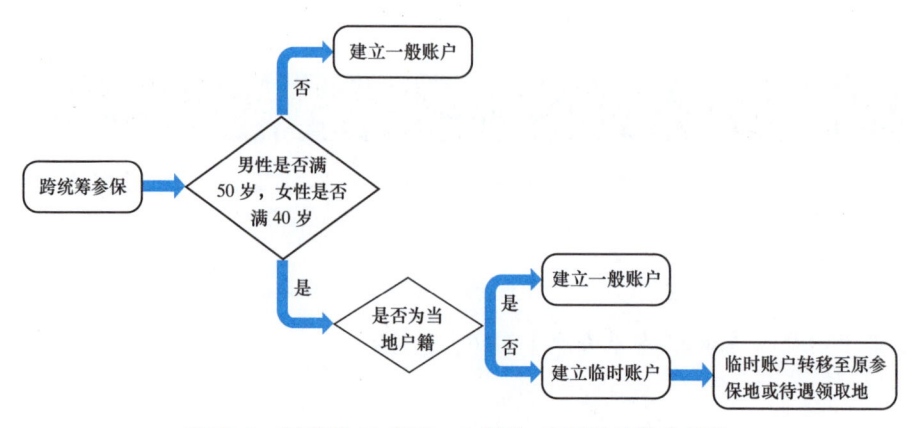

图 2-2　男性满 50 周岁、女性满 40 周岁的转移接续

（3）参保人员经县级以上党委组织部门、人力资源社会保障行政部门批准调动，且与调入单位建立劳动关系并缴纳基本养老保险费的，不受以上年龄规定限制，应在调入地及时办理基本养老保险关系转移接续手续。

对于基本养老保险已实行省级统筹的，省内人员跨统筹调动无须办理转移接续业务，员工在退休前由其退休所在社保经办机构实施养老保险相关信息归集即可。

> **相关依据：**
>
> 《城镇企业职工基本养老保险关系转移接续暂行办法》（国办发〔2009〕66号）

第26问　在多处参保可以领取多份养老金吗？

答： 在不同的地方同时缴纳养老保险，退休时是不能同时领取多份养老金的。如果是先后在不同的地方缴纳基本养老保险，需要将养老保险关系转移至待遇领取地，各地的缴费年限累计计算，累计缴费年限达到15年，达到法定的退休年龄，可以按月领取基本养老金的参保人员只领取一份养老金。如果是在不同的地方同时缴纳养老保险属于重复参保，在进行转移接续时遵循"先转移、后清理"的原则，由转入地社会保险经办机构负责按规定清理。根据《关于贯彻落实国务院办公厅转发城镇企业职工基本养老保险关系转移接续暂行办法的通知》（人社部发〔2009〕187号）有关规定，重复缴费部分由参保人员本人与社会保险经办机构协商确定保留其中一个养老保险关系，而其他的应当清退，相应的个人账户部分一次性退还本人。根据《人力资源社会保障部关于城镇企业职工基本养老保险关系转移接续若干问题的通知》（人社部规〔2016〕5号）、《人力资源社会保障部办公厅关于职工基本养老保险关系转移接续有关问题的补充通知》（人社厅发〔2019〕94号）文件精神，参保人员重复领取职工基本养老保险待遇的，由社保部门和本人协商确定保留其中的一个养老保险关系并继续领取待遇，其他的养老保险关系应予以清理，个人账户剩余部分一次性退还给本人。

> **相关依据：**
>
> 《关于贯彻落实国务院办公厅转发城镇企业职工基本养老保险关系转移接续暂行办法的通知》（人社部发〔2009〕187号）
>
> 《人力资源社会保障部关于城镇企业职工基本养老保险关系转移接续若干问题的通知》（人社部规〔2016〕5号）
>
> 《人力资源社会保障部办公厅关于职工基本养老保险关系转移接续有关问题的补充通知》（人社厅发〔2019〕94号）

第27问　参保人员未达到法定退休年龄死亡的，可以领取哪些待遇？

答：根据《中华人民共和国社会保险法》规定，参加城镇职工养老保险的个人，因病或非因工死亡的，其法定继承人可申领养老保险个人账户余额，其遗属可以申领丧葬补助金和抚恤金。丧葬补助金按照参保人员死亡时本省（自治区、直辖市）上一年度城镇居民月人均可支配收入的2倍计算。抚恤金的发放标准按以下办法确定：以死亡时本省上年度城镇居民人均可支配收入为基数，根据本人的缴费年限（包括实际缴费年限和视同缴费年限，下同）确定发放月数。缴费年限不满5年的，发放月数为3个月；缴费年限满5年且不满10年的，发放月数为6个月；缴费年限满10年且不超过15年（含15年）的，发放月数为9个月；缴费年限满15年以上的，每多缴费1年，发放月数增加1个月；缴费年限30年以上的，按照30年计算，发放月数最高为24个月。

> **相关依据：**
>
> 《中华人民共和国社会保险法》
>
> 《人力资源社会保障部　财政部　办公厅关于印发〈企业职工基本养

老保险遗属待遇暂行办法〉的通知》（人社部发〔2021〕18号）

第28问　参保人员达到法定退休年龄死亡的，可以领取哪些待遇？

答： 离退休人员死亡，其遗属可以申领丧葬补助金和抚恤金，如个人账户尚未发放完的，返还剩余个人账户余额。丧葬补助金按照参保人员死亡时本省（自治区、直辖市）上一年度城镇居民月人均可支配收入的2倍计算。抚恤金的发放标准按以下办法确定：以死亡时本省上年度城镇居民人均可支配收入为基数，根据本人在职时的缴费年限确定最高发放月数，计算发放月数与在职人员相同，每领取一年养老金减少1个月，发放月数最低为9个月。

相关依据：

《人力资源社会保障部　财政部　办公厅关于印发〈企业职工基本养老保险遗属待遇暂行办法〉的通知》（人社部发〔2021〕18号）

第29问　参保人员出国定居，其缴费如何处理？

答： 个人在达到法定的领取基本养老金条件前离境定居的，其个人账户予以保留，达到法定领取条件时，按照国家规定享受相应的养老保险待遇。出国或出境定居的参保人员，可以在其离境时或者离境后书面申请终止职工基本养老保险关系。社会保险经办机构收到申请后，应当书面告知其保留个人账户的权利及终止职工基本养老保险关系的后果，经本人书面确认后，终止其职工基本养老保险关系，并将个人账户储存额一次性支付给本人。

相关依据：

《城镇企业职工基本养老保险关系转移接续暂行办法》（国办发

〔2009〕66号）

《关于贯彻落实国务院办公厅转发城镇企业职工基本养老保险关系转移接续暂行办法的通知》（人社部发〔2009〕187号）

第30问 如果离职不缴纳社保了，可以退回缴纳的社保费吗？

答： 离职后缴纳的社保一般不能退还。根据《中华人民共和国社会保险法》第十四条的规定，个人账户不得提前支取。这意味着离职后，个人不能要求退还已缴纳的社会保险费用。社会保险是为了保障职工在年老、疾病、工伤、失业、生育等情况下依法从国家和社会获得物质帮助的权利，具有强制性和互助性，因此不能随意退还。离职后，劳动者的社会保险关系可以进行转移。如果劳动者在新单位就业，可以将社会保险关系转移至新单位，由新单位继续为其缴纳社会保险费；如果劳动者未就业，可以以灵活就业人员身份直接向社会保险费征收机构缴纳社会保险费。在某些特殊情况下，如出国定居等，个人账户余额可以退费。

相关依据：

《中华人民共和国社会保险法》

第三章 基本医疗保险

第31问 基本医疗保险的作用是什么？

答： 基本医疗保险，是为了补偿劳动者因疾病风险造成的经济损失而建立的一项社会保险制度。通过用人单位与个人缴费，建立医疗保险基金，参保人员患病就诊发生医疗费用后，由医疗保险机构对其给予一定的经济补偿。

基本医疗保险制度的建立和实施集聚了单位和社会成员的经济力量，再加上政府的资助，可以使患病的社会成员从社会获得必要的物资帮助，减轻医疗费用负担，防止患病的社会成员因病致贫。从2020年起，基本医疗保险和生育保险合并实施。

截至2023年底，参加基本医疗保险人数133389万人，其中，参加职工基本医疗保险人数37095万人，参加城乡居民基本医疗保险人数96294万人，参保覆盖面稳定在95%以上。2023年，基本医疗保险基金（含生育保险）总收入、总支出分别为3.35万亿元、2.82万亿元。2023年，原承担医疗保险脱贫攻坚任务的25个省份通过医疗救助共资助7308.2万人参加基本医疗保险，支出153.8亿元，农村低收入人口和脱贫人口参保率稳定在99%

以上。基本医疗保险、大病保险、医疗救助三重制度累计惠及农村低收入人口就医 1.86 亿人次，减轻医疗费用负担 1883.5 亿元。

> **相关依据：**
>
> 《中华人民共和国社会保险法》
> 《国务院办公厅关于全面推进生育保险和职工基本医疗保险合并实施的意见》（国办发〔2019〕10号）
> 《中华人民共和国 2023 年国民经济和社会发展统计公报》
> 《2023 年医疗保障事业发展统计快报》
> 《2023 年医疗保障事业发展统计公报》

第 32 问　基本医疗保险待遇包括哪些内容？

答： 基本医疗保险待遇主要分为普通门诊待遇、门诊特殊病种待遇、住院待遇、大病保险待遇，符合条件的还可以享受医疗救助。符合基本医疗保险药品目录、诊疗项目、医疗服务设施标准，以及急诊、抢救的医疗费用，按照国家规定从基本医疗保险基金中支付。参保人员医疗费用中应当由基本医疗保险基金支付的部分，由社会保险经办机构与医疗机构、药品经营单位直接结算。

社会保险行政部门和卫生行政部门应当依法建立异地就医医疗费用结算制度，方便参保人员享受基本医疗保险待遇，实现异地就医医疗费用结算。同时，基本医疗保险还将产前检查相关医疗费用纳入门诊保障，享受普通门诊统筹待遇，合理提高住院分娩生育医疗费用保障水平。具体报销政策因各地经济发展水平、基金承受能力有所差异。

医疗费用依法应当由第三人负担，第三人不支付或者无法确定第三人的，由基本医疗保险基金先行支付。基本医疗保险基金先行支付后，有权向第三人追偿。

相关依据：

《中华人民共和国社会保险法》

《关于做好2024年城乡居民基本医疗保障有关工作的通知》（医保发〔2024〕19号）

《国务院办公厅关于健全基本医疗保险参保长效机制的指导意见》（国办发〔2024〕38号）

第33问　什么是医疗保险个人账户？

答： 基本医疗保险个人账户是医疗保险经办机构按照国家规定为参保人以其个人名义建立的医疗保险账户，以支付应由参保人个人负担的政策范围内的医疗费用。支持职工医疗保险个人账户用于支付参保人员近亲属参加居民医疗保险的个人缴费及已参保的近亲属在定点医药机构就医购药发生的个人自付医药费用。个人账户原则上不得提取现金，禁止用于医疗保障以外的其他消费支出。

个人账户主要是由职工个人缴纳的基本医疗保险费、按照规定划入个人账户的用人单位缴纳的基本医疗保险费、个人账户存储额的利息、依法纳入个人账户的其他资金所构成。具体划入比例或标准由各省级医疗保险部门会同财政部门按照相关原则指导统筹地区结合本地实际研究确定。

账户的本金和利息为个人所有，只能用于基本医疗保险，但可以根据参保人员的实际情况结转使用和继承。

相关依据：

《中华人民共和国社会保险法》

《国务院办公厅关于健全基本医疗保险参保长效机制的指导意见》（国办发〔2024〕38号）

《国务院办公厅关于建立健全职工基本医疗保险门诊共济保障机制的

指导意见》(国办发〔2021〕14号）

《国家医疗保障局对十三届全国人大二次会议第6300号建议的答复》（医保函〔2019〕43号）

第34问 什么是医疗起付标准？

答： 基本医疗保险基金包括社会统筹基金和个人账户两部分，分别承担不同的医疗费用支付责任。统筹基金设有起付标准是指医疗保险基金开始支付医疗费用的最低限额，参保人员的医疗费用只有超过这个标准，才能由医疗保险基金按规定比例支付。起付标准以下的医疗费用，从个人账户中支付或由个人自付。起付标准以上、最高支付限额以下的医疗费用，主要从统筹基金中支付，个人也要负担一定比例。超过最高支付限额的医疗费用，由个人承担，若个人投保商业医疗保险的，可由商业医疗保险再进行理赔。

统筹基金起付标准通常是根据当地经济发展水平、医疗费用水平、参保人员收入等因素综合确定，1998年制度建立时，明确起付标准原则上控制在当地职工年平均工资10%左右，此后地方普遍没有随着工资水平增长而上调起付标准。具体起付标准由统筹地区根据以收定支、收支平衡的原则确定，不同地区、不同医疗险种可能有不同的起付标准。一般情况下，居民医疗保险根据定点医疗机构不同层级，分档设定起付标准，三级甲等医疗机构住院起付线一般为1000元左右，二级医疗机构起付线为500～800元，一级医疗机构（乡镇卫生院）及以下医疗机构在200～400元。起付标准的设定有助于防止医疗保险基金的滥用，促使参保人员更加合理地使用医疗资源，同时也能够减轻医疗保险基金的负担，保证基金的可持续性。

相关依据：

《中国的劳动和社会保障状况白皮书》

《国务院关于建立城镇职工基本医疗保险制度的决定》（国发〔1998〕44号）

第三章　基本医疗保险

《国家医疗保障局对十三届全国人大二次会议第 8374 号建议的答复》（医保函〔2019〕69 号）

《国家医疗保障局对十三届全国人大五次会议第 5716 号建议的答复》（医保函〔2022〕121 号）

第 35 问　什么是基本医疗保险报销范围？

答：医疗保险报销范围指为保障参保人员基本医疗需求，规范基本医疗保险用药、诊疗等方面的管理而规定的报销范围。符合基本医疗保险支付范围的医疗费用主要包括符合基本医疗保险药品目录、诊疗项目、医疗服务设施标准，以及急诊、抢救的医疗费用。具体如下：

（1）药品目录：基本医疗保险的药品目录分为甲类药和乙类药。参保人使用甲类药品按基本医疗保险规定的支付标准及分担办法支付；使用乙类药品按基本医疗保险规定的支付标准，先由参保人自付一定比例后，再按基本医疗保险规定的分担办法支付。另外，还存在丙类药品，这类药品没有纳入医疗保险报销范围，需要全部自费。截至 2024 年，国家医疗保险药品目录品种范围实现全国基本统一。

（2）诊疗项目：基本医疗保险支付范围内的诊疗项目，通常包括必要的医学检查、治疗手段等。

（3）医疗服务设施标准：定点医疗机构提供的，参保人员在接受诊断、治疗和护理过程中必需的生活服务设施，费用主要包括普通床位费、急诊观察室、抢救病房、血液病房的床位费，以及骨髓移植、血液病化疗等特殊情况下的床位费。

（4）急诊、抢救的医疗费用：在紧急情况下，为了挽救患者生命或避免病情进一步恶化而进行的急诊、抢救所产生的医疗费用，也在基本医疗保险的支付范围内。

> **相关依据：**
>
> 《基本医疗保险用药管理暂行办法》（国家医疗保障局令第1号）
>
> 《国务院关于建立城镇职工基本医疗保险制度的决定》（国发〔1998〕44号）

第36问　在不同医疗机构，医疗保险待遇一样吗？

答： 在不同医疗机构，医疗保险待遇不一样，主要受以下因素影响：

（1）医院等级。我国医疗机构按等级分为一级、二级和三级，不同等级医疗机构的医疗保险报销比例不一样。为鼓励参保人在包括社区卫生服务中心在内的基层定点医疗机构就医，加强就医引导，国家根据医疗机构级别实施差异化报销政策。目前，各地普遍提高了医疗保险统筹基金对在基层定点医疗机构就医的支付比例，并适当降低起付标准，参保人在基层定点医疗机构发生的医药服务费用，可以享受较二、三级医院更高的待遇。

（2）医疗保险政策。不同地区的经济水平和医疗保险政策不同，如各地区设定的报销限额、起付线和封顶线不一样，可能导致同一级别的医院在不同地区的报销比例和限额有所不同。

（3）是否为定点医疗机构。各地医疗保障经办机构负责确定定点医疗机构，并与定点医疗机构签订医疗保障服务协议，只有在定点医疗机构发生的符合医疗保险报销条件的医疗费用才能直接进行报销结算；如果选择的医院不是医疗保险定点机构，则无法直接享受医疗保险报销。

（4）医疗类型。不同的医疗服务类型，门诊、住院报销比例不同；不同的医疗保险费用类型，职工医疗保险和居民医疗保险报销比例也不同。2023年，职工医疗保险、居民医疗保险政策范围内住院费用报销比例分别稳定在80%和70%左右，国家支持有条件的统筹地区可根据经济社会发展水平和基金承受能力，稳步提升门诊保障水平，具体报销比例由统筹地区结合本地实际研究确定。

> **相关依据：**
>
> 《医院分级管理办法》
>
> 《国家医疗保障局对十三届全国人大五次会议第 1056 号建议的答复》（医保函〔2022〕133 号）
>
> 《医疗机构医疗保障定点管理暂行办法》（国家医疗保障局令第 2 号）
>
> 《关于做好 2024 年城乡居民基本医疗保障有关工作的通知》（医保发〔2024〕19 号）
>
> 《2023 年全国医疗保障事业发展统计公报》

第 37 问　如何办理医疗保险关系转移接续？

答： 医疗保险关系转移一般由参保人员个人申请办理，也可由单位为其申请办理转移接续。参保人员或用人单位需先提交基本医疗保险关系转移申请，可通过全国统一的医疗保险信息平台直接提交申请，也可通过线下方式在转入地或转出地经办机构窗口申请。

参保人员转移接续申请成功受理后，转出地经办机构 10 个工作日内完成基本医疗保险关系转出，生成"参保人员基本医疗保险信息表"，核对无误后，将带有电子签章的"信息表"同步上传到医疗保险信息平台，经医疗保险信息平台传送至转入地经办机构；若个人账户有余额的，办理个人账户余额划转手续。

转入地经办机构收到"信息表"后，核对相关信息并在 5 个工作日内将"信息表"同步至本地医疗保险信息平台，完成基本医疗保险关系转入。转入地经办机构收到转出地经办机构划转的个人账户余额后，与业务档案匹配并核对个人账户转移金额，核对无误后，可将个人账户金额计入参保人员的个人账户。

转移接续手续办理过程中，参保人员或用人单位可通过医疗保险信息平台查询业务办理进度。部分实现基本医疗保险省级统筹的地区，参保人员在省内不同统筹地之间参保，无须个人申请办理转移即可"无感转移接续"。

相关依据：

《基本医疗保险关系转移接续暂行办法》（医保办发〔2021〕43号）

《基本医疗保险关系转移接续暂行办法》政策解读

第38问　职工在异地就医，医疗保险可以直接结算吗？

答： 职工在异地就医，可以直接进行医疗保险结算，人力资源社会保障行政部门、医疗保障行政部门应当按照各自职责建立健全异地就医医疗费用结算制度，社会保险经办机构应当做好异地就医医疗费用结算工作。目前，跨省异地就医住院费用直接结算全面推开，门诊费用跨省直接结算稳步试点，预期2025年住院费用跨省直接结算率超70%。截至2024年第二季度末，全国跨省联网定点医药机构数量达61.34万家，参保职工在跨省联网定点医药机构就诊，可实现医疗保险直接结算，2024年上半年，全国跨省异地就医直接结算1.08亿人次，较2023年同期增长124.69%。异地就医直接结算的住院、普通门诊和门诊慢特病医疗费用，原则上执行就医地规定的支付范围及有关规定，执行参保地规定的基本医疗保险基金起付标准、支付比例、最高支付限额、门诊慢特病病种范围等有关政策。异地长期居住人员、常驻异地工作人员在参保地以外工作、居住、生活的人员；跨省临时外出就医人员，因工作、旅游等原因异地急诊抢救人员及其他跨省临时外出就医人员办理异地就医备案后可以享受异地就医直接结算服务。未备案人员，在异地就医，支持跨省联网结算的定点医疗机构也可以直接结算支付，但结算支付比例略高于经办理备案的水平。

相关依据：

《社会保险经办条例》（中华人民共和国国务院令第765号）

《国务院办公厅关于印发"十四五"全民医疗保障规划的通知》（国

第三章　基本医疗保险

办发〔2021〕36号

《全国医疗保障跨省异地就医直接结算公共服务信息发布（第六十一期）》

《国家医疗保障局对十三届全国人大五次会议第4585号建议的答复》（医保函〔2022〕50号）

《国家医保局、财政部关于进一步做好基本医疗保险跨省异地就医直接结算工作的通知》（医保发〔2022〕22号）

第39问　职工医疗保险账户资金富余，可以给亲属使用吗？

答： 职工医疗保险个人账户资金富余，可以给亲属使用。2024年7月，国务院办公厅印发的《关于健全基本医疗保险参保长效机制的指导意见》（国办发〔2024〕38号）明确，支持职工医疗保险个人账户用于支付参保人员近亲属参加居民医疗保险的个人缴费及已参保的近亲属在定点医药机构就医购药发生的个人自付医药费用，将职工医疗保险个人账户共济范围从此前的参保人员配偶、父母、子女扩大到近亲属，全面推动职工医疗保险个人账户家庭共济使用政策落地落实。

其中，近亲属是指《中华人民共和国民法典》中规定的配偶、父母、子女、兄弟姐妹、祖父母、外祖父母、孙子女、外孙子女。职工医疗保险个人账户可用于支付近亲属参加居民医疗保险的个人缴费。参加基本医疗保险的近亲属，也可以在报销医疗费用时，使用关联的职工医疗保险参保人的个人账户来结算，个人账户的使用范围相较之前也进一步扩大。

相关依据：

《国务院办公厅关于建立健全职工基本医疗保险门诊共济保障机制的指导意见》（国办发〔2021〕14号）

《关于做好2024年城乡居民基本医疗保障有关工作的通知》（医保发〔2024〕19号）

第40问　享受医疗保险退休待遇的条件是什么？

答：《中华人民共和国社会保险法》规定，参加职工基本医疗保险的个人，达到法定退休年龄时，累计缴费达到国家规定年限的，退休后不再缴纳基本医疗保险费，按照国家规定享受基本医疗保险待遇。

故享受医疗保险退休待遇的条件包括：参加职工基本医疗保险、达到法定退休年龄及累计缴费达到国家规定的年限。首先，个人必须参加职工基本医疗保险，这是享受退休医疗保险待遇的前提条件。其次，达到法定退休年龄，即个人必须满足国家或地区规定的退休年龄要求。最后，累计缴费达到国家规定的年限，这意味着个人在职业生涯中必须达到一定的缴费年限，以满足退休后享受医疗保险待遇的要求，其中，退休人员享受基本医疗保险待遇的缴费年限按照各地规定执行。

> **相关依据：**
>
> 《中华人民共和国社会保险法》
>
> 实施《中华人民共和国社会保险法》若干规定（人力资源和社会保障部令第13号）

第41问　参加职工基本医疗保险的个人达到法定退休年龄时，未满最低缴费年限如何处理？

答：《中华人民共和国社会保险法》规定，参加职工基本医疗保险的个人，达到法定退休年龄时，累计缴费未达到国家规定年限的，可以缴费至国家规定年限。

缴费方式有两种：一是一次性补足缴费年限。一些地区允许职工在退休时由单位或职工个人一次性补缴医疗保险费用，以达到规定的缴费年限。二是持续缴费。即选择继续按月缴纳，直至达到规定缴费年限后享受退休人员职工医疗保险待遇。这种方式可以减轻一次性补缴的经济压力，但需要及时足额缴纳医疗保险费用，以确保享受医疗保险待遇。如果达到法定退休年龄时累计缴费未达到国家规定年限的，且个人不希望一次性补缴或持续缴费，还可以选择将职工基本医疗保险转为城乡居民医疗保险。城乡居民医疗保险对缴费年限没有固定要求，每年按标准缴纳医疗保险费用，即可享受城乡居民医疗保险待遇，但报销比例和范围可能略低于职工医疗保险。

缴费年限、如何补足缴费年限及一次性补缴金额等具体要求以各地医疗保险政策为准。

相关依据：

《中华人民共和国社会保险法》

第42问　如何办理异地就医备案？

答： 参保人员跨省异地就医前，可通过国家医疗保险服务平台App、国家异地就医备案小程序、国务院客户端小程序或参保地经办机构窗口等线上线下途径办理异地就医备案手续。

线上备案操作方法如下：

（1）点击"开始备案"。进入"异地备案"页面，参保人可以在该页面查询统筹区开通情况、定点医药机构（住院、门诊、门诊慢特病）开通情况等。

（2）点击"异地就医备案申请"，选择备案类型。参保人根据实际情况，选择参保地、就医地、参保险种、备案类型。

（3）阅读备案告知书，提交备案材料。核对备案信息，选择申请备案开始时间，填写联系人信息，根据备案人员的不同类别，上传相应的备案证明材料，如居民身份证、转诊转院证明材料、居住证、工作合同等。

（4）查看备案进度。回到首页，点击"进度查询"可以一键查询备案状态。

申请人可跨省申请异地就医结算备案，不受参保地限制。异地急诊人员视同已备案，无须额外提交备案材料。异地就医备案允许补办。参保人员跨省出院结算前补办异地就医备案的，就医地联网定点医疗机构应为参保人员办理医疗费用跨省直接结算。跨省异地就医参保人员出院自费结算后，按规定补办备案手续的，可以按参保地规定申请医疗保险手工报销。

相关依据：

《国务院办公厅关于加快推进政务服务"跨省通办"的指导意见》（国办发〔2020〕35号）

《国家医保局、财政部关于进一步做好基本医疗保险跨省异地就医直接结算工作的通知》（医保发〔2022〕22号）

第43问　个人账户资金用完了，医疗费用还可以报销吗？

答： 在一个结算年度内，参保人员发生的符合基本医疗保险支付范围的普通门诊医疗费用，按照先使用个人账户当年资金支付，当年账户资金不足支付时，由个人先行承担门诊起付线，超起付线以上部分医疗费用，由统筹基金和个人共同支付，其中，门诊起付线和起付线以上由个人承担部分，个人账户历年资金有结余的，可使用历年账户资金支付。

在一个结算年度内，参保人员发生的符合基本医疗保险支付范围的住院或门诊特殊病种医疗费用，先由个人承担一个住院起付线（其中，门诊特殊病种无须承担起付线），超起付线以上部分医疗费用，由统筹基金和个人共同支付，其中住院起付线和起付线以上由个人承担部分，个人历年账户资金有结余的，可使用历年账户资金支付。

综上所述，个人账户资金分为当年账户资金与历年账户资金，使用范围不同，当参保人发生普通门诊就医购药时，资金有结余或当年账户结余为零但尚未超过门诊起付线的，统筹基金不予支付；个人当年账户资金用完且已超过门诊起付线的，统筹基金按不同医疗机构等级按比例支付。当参保人发生住院或门诊特殊病种医疗费时，按规定由统筹基金按不同医疗机构等级按比例支付，与个人账户是否用完无关。此时，个人历年账户资金用完了，只会影响参保人需要个人负担的医疗费用的支付，需要参保人自己用个人现金自付。

> **相关依据：**
>
> 《中华人民共和国社会保险法》
> 《国家医疗保障局对十四届全国人大一次会议第0694号建议的答复》（医保函〔2023〕76号）
> 《国家医疗保障局对十三届全国人大二次会议第7215号建议的答复》（医保函〔2019〕51号）

第44问　异地急诊，没有带医保卡怎么办？

答： 发生异地急诊抢救时，参保人员未办理异地就医备案的视同已备案，允许参保人员按参保地异地急诊抢救相关待遇标准直接结算相关门诊、住院医疗费用。参保人员跨省异地就医时，应在就医地的跨省联网定点医疗机构主动表明参保身份，出示医疗保险电子凭证或社会保障卡等有效凭证。若没有携带医保卡，可使用医疗保险电子凭证就诊，医疗保险电子凭证是全国统一的医疗保险信息平台的重要组成部分，是参保人办理医疗保险线上业务的身份凭证，也是个人参加基本医疗保险、生育保险等社会保险和享受基本医疗保险、生育保险等社会保险待遇的凭证，由国家医疗保险信息平台统一生成，全面适用于医疗保险各项业务。一些拥有先进的面部识别技术的医院还能提供医疗保险刷脸支付服务，通过刷脸即可完成医疗保险支付，无须带医保卡。若参保人未携带医保卡、也无法提供医疗保险电子凭证，可先由个人自行支付，再携带发票、病历等相关材料至参保地医疗保险经办机构进行报销。

相关依据：

《国家医保局、财政部关于进一步做好基本医疗保险跨省异地就医直接结算工作的通知》（医保发〔2022〕22号）

《国家医疗保障局办公室关于全面推广应用医保电子凭证的通知》（医保办〔2020〕10号）

《社会保险经办条例》

《国家医疗保障局办公室关于实施医保服务十六项便民措施的通知》（医保办发〔2023〕16号）

第四章 生育保险

第 45 问　生育保险的作用是什么？

答： 生育保险是指职业妇女因生育而暂时中断劳动，由国家或单位为其提供生活保障和物质帮助的一项社会制度。其宗旨在于通过向生育女职工提供生育津贴、产假及医疗服务等方面的待遇，保障她们因生育而暂时丧失劳动能力时的基本经济收入和医疗保健，帮助生育女职工恢复劳动能力，重返工作岗位，并使婴儿得到必要的照顾和哺育，从而体现国家和社会对妇女在这一特殊时期给予的支持和爱护。同时，通过将妇女生育负担由用人单位责任转化为全社会责任，平衡企业之间的负担，减轻用人单位招用妇女的成本，帮助妇女就业。

生育保险制度自建立以来，总体保持平稳运行，维护企业女职工的合法权益，保障她们在生育期间得到必要的经济补偿和医疗保健。从 2020 年起，基本医疗保险和生育保险合并实施，进一步提升了社会保险基金互济能力，更好地增强生育保险保障功能。

建立生育保险制度，是我国社会主义市场经济发展和全面建设小康社会的必然要求，对促进经济和社会协调发展、保障妇女平等就业、促进企业公平竞争、维护妇女合法权益等方面具有重要作用。当前，实施全面三孩政策是适应人口和经济社会发展新形势的重大战略举措，落实生育保险政策是实施全面三孩政策的重要保障措施。

相关依据：

《劳动和社会保障部办公厅关于进一步加强生育保险工作的指导意见》（劳社厅发〔2004〕14号）

《企业职工生育保险试行办法》

《人力资源社会保障部、财政部、国家卫生计生委关于做好当前生育保险工作的意见》（人社部发〔2018〕15号）

《国务院办公厅关于全面推进生育保险和职工基本医疗保险合并实施的意见》（国办发〔2019〕10号）

中华人民共和国人力资源和社会保障部关于中华人民共和国社会保险法释义（十五）

第46问 男职工需要参保生育保险吗？

答： 社会保险包括基本养老保险、基本医疗保险、生育保险、工伤保险和失业保险，由政府举办，并通过立法强制实行。生育保险作为社会保险的一种，不论男女，都是需要强制参加的。

职工参加生育保险，由用人单位按照国家规定缴纳生育保险费，职工不缴纳生育保险费。用人单位已经缴纳生育保险费的，其职工享受生育保险待遇；如果男职工参保的，其未就业配偶也可按照国家规定依法享受相应的生育医疗费用待遇，所需资金从生育保险基金中支付。

相关依据：

《中华人民共和国社会保险法》

第 47 问　生育保险待遇包括哪些?

答： 生育保险待遇包括生育医疗待遇、生育津贴和生育假期。

生育医疗费用包括下列各项：①生育的医疗费用；②计划生育的医疗费用；③法律法规规定的其他项目费用。女职工生育的检查费、接生费、手术费、住院费和药费由生育保险基金支付。超出规定的医疗服务费和药费（含自费药品和营养药品的药费）由职工个人负担。女职工生育出院后，因生育引起疾病的医疗费，由生育保险基金支付；其他疾病的医疗费，按照医疗保险待遇的规定办理。女职工产假期满后，因病需要休息治疗的，按照有关病假待遇和医疗保险待遇规定办理。计划生育手术费用是指职工因实行计划生育需要，实施放置（取出）宫内节育器、流产术、引产术、绝育及复通手术所发生的医疗费用。

生育津贴是指根据国家法律法规规定对职业妇女因生育休产假或流产而离开工作岗位期间给予的生活费用，是对工资收入的替代。

女职工生育或流产的，可享受产假或流产假，具体天数根据生育或流产的具体情况确定。

> **相关依据：**
>
> 《中华人民共和国社会保险法》
> 《企业职工生育保险试行办法》（劳部发〔1994〕504号）
> 中华人民共和国人力资源和社会保障部关于中华人民共和国社会保险法释义（十五）

第 48 问　享受生育保险待遇的条件是什么?

答： 根据《中华人民共和国社会保险法》，用人单位已经缴纳生育保险费的，其职工享受生育保险待遇；职工未就业配偶按照国家规定享受生育医

43

疗费用待遇，所需资金从生育保险基金中支付。

职工有下列情形之一的，可以按照国家规定享受生育津贴：①女职工生育享受产假；②享受计划生育手术休假；③法律法规规定的其他情形。关于生育保险待遇中的生育津贴，各地对其申领条件作出了不同要求，具体以各地政策为准。例如，浙江省规定职工申领生育津贴待遇时需在参保地连续缴费满 6 个月，未在参保地连续缴费满 6 个月的，各统筹区可根据实际待其缴费满 6 个月后，进行回溯。北京市规定参保职工分娩前生育保险需要连续缴费满 9 个月，分娩前连续缴费不足 9 个月，分娩之月后（含分娩月）连续缴费满 12 个月，职工的生育津贴由生育保险基金予以补支。

相关依据：

《中华人民共和国社会保险法》

中华人民共和国人力资源和社会保障部关于中华人民共和国社会保险法释义（十五）

《浙江省生育保险办法》（浙政发〔2024〕14 号）

《北京市医疗保障局关于规范生育保险津贴待遇支付有关问题的通知》（京医保发〔2019〕32 号）

第 49 问　生育津贴如何申请？

答： 申领生育津贴的申领方式主要有以下 3 种：

（1）线下申领。参加生育保险的个人申领生育津贴，应由本人或所在企业持当地计划生育部门签发的计划生育证明、婴儿出生、死亡或流产证明及相应的病例资料到当地社会保险经办机构办理手续。社会保险经办机构应当对其提供的资料进行审核，一般自收到申请之日起 10～20 个工作日内办理完毕。

（2）线上申领。可以通过国家医疗保险服务平台、地方政务服务网、手机 App、微信公众号等线上渠道进行申请生育津贴，并按照提示输入个人信息，上传相关资料，然后等待社保局的审核。不同地区线上申领渠道、申领流程和所需资料可能略有不同，具体以当地政策为准。

（3）免审即享。目前，全国部分地区已实施生育津贴"免审即享"服务，改变传统办理模式，分娩女职工在定点医疗机构完成生育住院医疗费用结算后，相关生育信息将通过医疗保险信息平台实时推送至经办机构，系统自动校验符合条件的参保人员信息并核算生育津贴，通过数据应用和数据共享完成生育津贴支付业务自动申报，实现业务免申请办理、免递交材料。

相关依据：

《社会保险经办条例》（中华人民共和国国务院令第765号）

《企业职工生育保险试行办法》（劳部发〔1994〕504号）

第50问　生育津贴如何核定？

答： 对已经参加生育保险的女职工产假期间的生育津贴，按照用人单位上年度职工月平均工资的标准由生育保险基金支付；对未参加生育保险的女职工产假期间的生育津贴，按照女职工产假前工资的标准由用人单位支付。

生育津贴的计算公式通常为"职工所在用人单位上年度月平均工资/30×应享受产假天数"，因此产假天数也是影响生育津贴金额的重要因素。

相关依据：

《女职工劳动保护特别规定》（中华人民共和国国务院令第619号）

《浙江省生育保险办法》（浙政发〔2024〕14号）

第51问　产假的天数如何确定？

答： 根据国务院关于《女职工劳动保护特别规定》的规定，女职工生育享受98天产假，其中产前可以休假15天；难产的，增加产假15天；生育多胞胎的，每多生育 1 个婴儿，增加产假 15 天。女职工怀孕未满 4 个月流产的，享受 15 天产假；怀孕满 4 个月流产的，享受 42 天产假。符合法律法规规定生育子女的夫妻，可以获得延长生育假的奖励或者其他福利待遇。

具体产假天数由各地的地方规定予以明确。

如《浙江省生育保险办法》中规定，女职工生育享受 98 天产假，其中，产前可以休假 15 天；难产的，增加产假 15 天；生育多胞胎的，每多生育 1 个婴儿，增加产假 15 天。符合法律法规规定生育子女的，在此基础上，可再享受《浙江省人口与计划生育条例》规定的延长产假，即一孩延长产假 60 天，二孩、三孩延长产假 90 天。女职工怀孕未满 4 个月终止妊娠的，享受产假 15 天；怀孕满 4 个月未满 7 个月终止妊娠的，享受产假 42 天；怀孕满 7 个月终止妊娠的，享受产假 98 天。

> **相关依据：**
>
> 《女职工劳动保护特别规定》（中华人民共和国国务院令第 619 号）
>
> 《中华人民共和国人口与计划生育法》
>
> 《浙江省生育保险办法》（浙政发〔2024〕14 号）
>
> 《浙江省人口与计划生育条例》

第 52 问　女职工产假期间社保补贴是什么？

答： 女职工产假期间社保补贴是指女职工符合法律法规的规定生育子女，所在企业为其落实产假政策并缴纳社会保险费的，企业可享受社会保险补贴。

国家支持有条件的地方健全假期用工成本分担机制，将生育友好作为用人单位承担社会责任的重要方面，鼓励用人单位制定有利于职工平衡工作和家庭关系的措施，依法协商确定有利于照顾婴幼儿的灵活休假和弹性工作方式。具体补贴政策，目前没有国家统一标准，由各地根据本地区实际情况，科学制订实施方案，及时提请省级人大或其常委会修订本省（自治区、直辖市）人口与计划生育条例，重点对生育调节、奖励与社会保障、普惠托育服务、计划生育服务和法律责任等相关内容进行修订。

以浙江省为例，补贴标准为女职工基本养老保险费、基本医疗保险费、失业保险费单位实际缴纳部分的50%，从女职工生育当月起补贴6个月。

相关依据：

《中共中央、国务院关于优化生育政策促进人口长期均衡发展的决定》

《国家卫生健康委关于贯彻落实〈中共中央、国务院关于优化生育政策促进人口长期均衡发展的决定〉的通知》（国卫人口发〔2021〕24号）

《关于试行企业女职工产假期间社会保险补贴有关事项的通知》（浙人社发〔2022〕85号）

第53问　男职工可以享受的陪产假天数是几天？期间工资如何发放？

答： 对于男职工在其配偶生育子女期间的陪产假天数，目前没有国家统一要求，而是由各地的地方规定予以明确。省、自治区、直辖市和较大的市人民代表大会及其常务委员会或者人民政府可以依据《中华人民共和国人口与计划生育法》和有关法律、行政法规的规定，结合当地实际情况，制定具体实施办法。

大多数地方在人口与计划生育法的授权下规定，丈夫享有7～30天的护理假（男性陪产假），并明确工资待遇照发。以浙江省为例，《浙江省人口与计划生育条例》中规定，男方享受15天护理假，护理假期间的工资、奖金和其他福利待遇由用人单位照发。

相关依据：

《中华人民共和国人口与计划生育法》

《关于政协十三届全国委员会第二次会议第 1274 号（医疗体育类 157 号）提案答复的函》

《浙江省人口与计划生育条例》

第 54 问　女方未就业，是否可以通过其配偶享受生育保险待遇？

答：生育保险待遇包括生育医疗费用和生育津贴。《中华人民共和国社会保险法》指出，用人单位已经缴纳生育保险费的，其职工享受生育保险待遇；职工未就业配偶按照国家规定享受生育医疗费用待遇，所需资金从生育保险基金中支付。本法规定职工未就业的配偶按照国家规定享受生育医疗费用待遇，主要是指未就业妇女因生育发生的医疗费用。

妻子如果未就业，而其丈夫已经参加了生育保险并且符合相关条件，妻子是可以使用丈夫的生育保险来报销生育医疗费用的，但并不能领取生育津贴，因为生育津贴是针对女职工因生育而暂时中断劳动力时提供的一种经济补偿，而妻子作为未就业人员，并不符合领取生育津贴的条件。

相关依据：

《中华人民共和国社会保险法》

中华人民共和国人力资源和社会保障部关于中华人民共和国社会保险法释义（十五）

第五章 工伤保险

第55问 工伤保险的作用是什么？

答： 工伤保险，是指在工作中或在规定的特殊情况下，劳动者遭受意外伤害或患职业病而导致暂时或永久丧失劳动能力及死亡时，劳动者或其遗属从国家和社会获得物质帮助的一种社会保险制度。工伤保险作为社会保险制度的一部分，是国家通过立法强制实施的，是国家对职工履行的社会责任，也是职工应享受的基本权利。工伤保险的实施是人类文明和社会发展的标志和成果。

对于参保职工来说，实行工伤保险保障了工伤职工医疗及其基本生活、伤残补助和遗属抚恤，在一定程度上解除了职工和家属的后顾之忧。工伤补偿体现出国家和社会对职工的尊重，有利于提高他们的工作积极性。

对于用人单位来说，为职工缴纳工伤保险，有助于解决企业应对劳动者在工作中受伤的赔偿问题。参保工伤保险后，被认定为工伤的职工可以按规定享受工伤待遇，由工伤保险基金承担部分待遇的支付。企业不用像以前那样赔偿劳动者高昂的费用，防止企业难以进行赔偿、职工得不到合理安置的情况发生。

建立工伤保险有利于促进安全生产，保护和发展社会生产力。工伤保险与生产单位改善劳动条件、防病防伤、安全教育，医疗康复、社会服务等工作紧密相连，对提高生产经营单位和职工的安全生产，防止或减少工伤、职业病，保护职工的身体健康，至关重要。

总的来说，工伤保险保障了受工伤伤害职工的合法权益，有利于妥善处理生产事故和恢复生产，维护社会安定。

相关依据：

《中华人民共和国社会保险法》

第 56 问　工伤保险如何缴费？

答： 工伤保险的缴费由用人单位承担，职工个人不缴纳工伤保险费。缴费基数通常为用人单位全部职工缴费工资总额，而缴费费率则根据企业的行业分类、工伤发生率及工伤保险费的使用情况等因素定期调整。

企业经办人应当及时为新参保人员申报缴费基数。地税部门依据本企业参保人数和缴费基数核定当期应缴纳工伤保险费。

用人单位须及时申报和缴纳工伤保险费。缴费方式通常为全额申报和缴纳，即按照核准的金额全额缴纳。若未按规定申报或未及时足额缴纳，可能会被加收滞纳金。当前，在实际操作中，更常用的是通过电子税务局操作缴费申报。具体操作包括登录电子税务局、选择社保费管理功能、录入核定信息、进行申报并选择缴款方式（如三方协议缴款或银行端缴款）。通过电子税务局为用人单位按期申报缴费提供了更为便捷的途径，有助于及时完成缴费义务。

相关依据：

《工伤保险条例》（中华人民共和国国务院令第 586 号）

《中华人民共和国社会保险法》

第五章 工伤保险

第 57 问　工伤保险的费率如何确定？

答： 工伤保险的费率是根据不同行业的工伤风险程度，综合考虑工伤保险费的使用和工伤发生率情况而确定的。

工伤保险费率的确定遵循以下原则和步骤：

根据不同行业的工伤风险程度，将行业划分为不同的风险类别，如一类为风险较小行业，八类为风险较大行业。国家根据不同行业的工伤风险程度确定行业的差别费率，不同行业的基准费率不同，一类行业的基准费率较低，而八类行业的基准费率较高。根据参保单位的行业类别，确定其行业差别费率。在每个行业内，根据工伤保险费的使用情况和工伤发生率，确定若干费率档次，这就是行业内费率档次。这意味着，即使在同一行业内，用人单位的具体缴费费率也会根据其工伤记录和工伤保险费用使用状况有所不同。工伤保险行业风险分类见表 5-1。

表 5-1　　　　　　　　工伤保险行业风险分类表

行业类别	行业名称
一	软件和信息技术服务业，货币金融服务，资本市场服务，保险业，其他金融业，科技推广和应用服务业，社会工作，广播、电视、电影和影视录音制作业，中国共产党机关，国家机构，人民政协，民主党派，社会保障，群众团体、社会团体和其他成员组织，基层群众自治组织，国际组织
二	批发业，零售业，仓储业，邮政业，住宿业，餐饮业，电信、广播电视和卫星传输服务，互联网和相关服务，房地产业，租赁业，商务服务业，研究和试验发展，专业技术服务业，居民服务业，其他服务业，教育、卫生、新闻和出版业，文化艺术业
三	农副食品加工业，食品制造业，酒、饮料和精制茶制造业，烟草制品业，纺织业，木材加工和木、竹、藤、棕、草制品业，文教、工美、体育和娱乐用品制造业，计算机、通信和其他电子设备制造业，仪器仪表制造业，其他制造业，水的生产和供应业，机动车、电子产品和日用产品修理业，水利管理业，生态保护和环境治理业，公共设施管理业，娱乐业

51

续表

行业类别	行业名称
四	农业，畜牧业，农、林、牧、渔服务业，纺织服装、服饰业，皮革、毛皮、羽毛及其制品和制鞋业，印刷和记录媒介复制业，医药制造业，化学纤维制造业，橡胶和塑料制品业，金属制品业，通用设备制造业，专用设备制造业，汽车制造业，铁路、船舶、航空航天和其他运输设备制造业，电气机械和器材制造业，废弃资源综合利用业，金属制品、机械和设备修理业，电力、热力生产和供应业，燃气生产和供应业，铁路运输业，航空运输业，管道运输业，体育
五	林业，开采辅助活动，家具制造业，造纸和纸制品业，建筑安装业，建筑装饰和其他建筑业，道路运输业，水上运输业，装卸搬运和运输代理业
六	渔业，化学原料和化学制品制造业，非金属矿物制品业，黑色金属冶炼和压延加工业，有色金属冶炼和压延加工业，房屋建筑业，土木工程建筑业
七	石油和天然气开采业，其他采矿业，石油加工、炼焦和核燃料加工业
八	煤炭开采和洗选业，黑色金属矿采选业，有色金属矿采选业，非金属矿采选业

国务院社会保险行政部门会定期评估全国各统筹地区工伤保险基金的收支情况，并根据需要提出调整行业差别费率及行业内费率档次的方案。这些调整在报经国务院批准后公布施行，以确保费率的合理性和公平性。

综上所述，工伤保险费率的确定是一个综合考虑行业风险、用人单位具体状况及工伤保险基金运行情况的过程，旨在通过差别化的费率政策，既保障工伤职工的权益，又促进用人单位加强安全管理，降低工伤事故发生率。

相关依据：

《工伤保险条例》（中华人民共和国国务院令第586号）
《中华人民共和国社会保险法》

第58问 哪些情形可以认定为工伤？

答： 职工有下列情形之一的，应当认定为工伤：

（1）在工作时间和工作场所内，因工作原因受到事故伤害的。

（2）工作时间前后，在工作场所内，从事与工作有关的预备性或者收尾性工作受到事故伤害的。

（3）在工作时间和工作场所内，因履行工作职责受到暴力等意外伤害的。

（4）患职业病的。

（5）因工外出期间，由于工作原因受到伤害或者发生事故下落不明的。

（6）在上下班途中，受到非本人主要责任的交通事故或者城市轨道交通、客运轮渡、火车事故伤害的。

（7）法律、行政法规规定应当认定为工伤的其他情形。

职工有下列情形之一的，视同工伤：

（1）在工作时间和工作岗位，突发疾病死亡或者在48小时之内经抢救无效死亡的。

（2）在抢险、救灾等维护国家利益、公共利益活动中受到伤害的。

（3）职工原在军队服役，因战、因公负伤致残，已取得革命伤残军人证，到用人单位后旧伤复发的。

对于部分特殊情形，例如，在连续工作过程中和工作场所内，因就餐、工间休息、如厕等必要的生活、生理活动时所受的伤害；因参加用人单位统一组织或者安排的学习教育、培训、文体活动所受的伤害；因参加各级工会或者县级以上组织人事部门按照规定统一组织的疗休养所受的伤害（单位承担费用由职工自行安排的疗休养除外）；上述情况的认定，依据参保地相关规定执行。

相关依据：

《工伤保险条例》（中华人民共和国国务院令第 586 号）

《浙江省工伤保险条例》

第 59 问　哪些情况不能认定为工伤？

答： 不能认定为工伤的情况包括：

（1）故意犯罪：如果员工在执行工作职责时犯罪，其伤害不得认定为工伤。

（2）醉酒或吸毒：员工在醉酒或吸毒状态下发生的伤害不得认定为工伤。

（3）自残或自杀：由个人行为导致的自残或自杀伤害不得认定为工伤。

（4）非因工作原因的伤害：如果在工作时间和工作场所内受到的伤害不是因为工作原因，则不得认定为工伤。

（5）非因履行工作职责受到的暴力伤害：如果员工在工作时间和工作场所内受到的暴力伤害不是因为履行工作职责，则不得认定为工伤。

（6）因工外出期间，从事个人活动受到的伤害：如果员工在因工外出期间从事个人活动受到的伤害，则不得认定为工伤。

（7）上下班途中发生交通事故，但员工负主要责任或全部责任，则不得认定为工伤。

（8）如果员工在工作时间和工作岗位突发疾病，经过抢救无效死亡，但死亡发生在 48 小时后，则不得认定为工伤。

相关依据：

《工伤保险条例》（中华人民共和国国务院令第 586 号）

第60问　工伤认定有时限吗？

答： 工伤认定是有时间限制的。职工发生事故伤害或者按照职业病防治法规定被诊断、鉴定为职业病，所在单位应当自事故伤害发生之日或者被诊断、鉴定为职业病之日起30日内，向统筹地区社会保险行政部门提出工伤认定申请。值得注意的是，30日是指30个自然日，而并非工作日。遇有特殊情况，经报社会保险行政部门同意，申请时限可以适当延长。用人单位未按前款规定提出工伤认定申请的，工伤职工或者其近亲属、工会组织在事故伤害发生之日或者被诊断、鉴定为职业病之日起1年内，可以直接向用人单位所在地统筹地区社会保险行政部门提出工伤认定申请。用人单位未在30日内提交工伤认定申请，在此期间发生的符合规定的工伤待遇等有关费用由该用人单位负担。

> **相关依据：**
>
> 《工伤保险条例》（中华人民共和国国务院令第586号）
> 《工伤认定办法》（人力资源社会保障部令第8号）

第61问　申请工伤认定需要哪些材料？

答： 申请工伤认定，需要提供的材料包括工伤认定申请表、与用人单位存在劳动关系（包括事实劳动关系）的证明材料、医疗诊断证明或者职业病诊断证明书（或者职业病诊断鉴定书），以及其他必要的受伤害情况证明材料。若职工在上下班途中发生交通事故的，需要提供证明交通事故责任的交通事故认定书等材料；若职工受单位指派至外地工作期间发生工伤伤害，需提供单位指派职工出差的材料；若职工因参加单位组织的球赛等活动受伤，需要提供举办活动的通知等相关材料。

相关依据：

《工伤保险条例》（中华人民共和国国务院令第586号）

《工伤认定办法》（人力资源社会保障部令第8号）

第62问 工伤待遇有哪些？

答： 工伤待遇包括多种项目，主要包括医疗康复待遇、伤残待遇、死亡待遇，以及一次性医疗补助和伤残就业补助（若职工与单位解除劳动关系）。

医疗待遇主要包括以下几方面：

（1）医疗费用：包括挂号费、住院费、手术费等，符合诊疗范围的，由工伤保险基金支付。

（2）住院伙食补助：工伤职工在住院治疗期间，可以按标准报销伙食补助费。

（3）交通食宿费用：如果工伤职工需要在统筹地区以外就医，交通和在途食宿费用由工伤保险基金支付。

（4）康复治疗费用：工伤职工的康复治疗费用，包括物理疗法和必要的康复设备费用，由工伤保险基金支付。

（5）辅助器具费用：因日常生活或就业需要安装的假肢、矫形器等辅助器具的费用，由工伤保险基金支付。

（6）停工留薪待遇：工伤职工在停工留薪期间，原工资福利待遇不变，由用人单位按月支付。

（7）停工留薪期和康复期护理费用：在停工留薪期内生活不能自理需要护理的，护理费用由用人单位支付。

伤残待遇包括以下几个方面：

（1）一次性伤残补助金：根据伤残等级，工伤职工可以获得一次性伤残补助金。

（2）伤残津贴：对于被鉴定为一级至六级伤残的职工，按月支付伤残津贴。

（3）经鉴定，生活不能自理的，根据生活不能自理的程度，由工伤保险基金支付护理费。

死亡待遇包括丧葬补助金、供养亲属抚恤金和一次性工亡补助金，这些待遇发放给因工伤死亡的职工的亲属。

此外，若工伤职工与企业解除劳动关系的，可以享受一次性医疗补助和一次性就业补助。伤残等级为五级至六级的，经工伤职工本人提出与用人单位解除或者终止劳动关系的；伤残等级为七级至十级的，劳动、聘用合同期满终止的，或者职工本人提出解除劳动合同的，由工伤保险基金支付一次性工伤医疗补助金，由单位支付伤残就业补助金。

工伤待遇确保了工伤职工在受伤期间及之后的生活质量得到保障，对于不幸工伤死亡的职工，相应工伤死亡待遇为其亲属提供了一定的经济支持，供养亲属抚恤金也为依靠工伤死亡职工生活的亲属提供了一定经济补助。

相关依据：

《工伤保险条例》（中华人民共和国国务院令第586号）

第63问　工伤待遇如何核定？

答： 工伤待遇一般根据工伤职工治疗工伤部位发生的医疗费、职工的伤残情况等因素进行核定。

工伤职工治疗工伤部位的医疗费用，符合工伤保险诊疗项目目录、药品目录、住院服务标准的，从工伤保险基金中支付。超出目录及服务标准的医药费由工伤职工还是用人单位承担，实践中各地处理存在不同做法，多数地区的做法是本人承担此部分费用。工伤职工住院治疗的伙食补助费，以及经医疗机构出具证明、报经办机构同意，工伤职工到统筹地区以外就医所需的交通、食宿费用从工伤保险基金支付，具体标准由统筹地区人民政府规定。

工伤职工因日常生活或者就业需要，经劳动能力鉴定委员会确认，可以安装假肢、矫形器、假眼、假牙和配置轮椅等辅助器具，所需费用按照国家规定的标准从工伤保险基金支付。

工伤职工的一次性伤残补助，主要根据工伤职工劳动能力鉴定的结果进行核定；生活护理费根据工伤职工的生活自理程度，支付不同比例的社会水平工资。

伤残津贴是对因工致残而退出工作岗位的工伤职工工资收入损失的合理补偿，主要依据工伤职工受伤前 12 个月月均工资核定。

因工死亡待遇标准包括一次性工亡补助金等，具体标准依据国家相关规定和统计数据确定。丧葬补助金为 6 个月的统筹地区上年度职工月平均工资。供养亲属抚恤金是因工死亡职工供养亲属基本生活的合理保障，按照职工本人工资、亲属关系类型进行核定。以上各类待遇的具体标准和比例详见表 5-2。

相关依据：

《工伤保险条例》(中华人民共和国国务院令第 586 号)

第 64 问　申请工伤待遇需要哪些材料？

答： 申请工伤待遇需要以下材料：

（1）工伤认定决定书。这是申请工伤待遇的基础材料，证明该事故已经被认定为符合工伤情形。

（2）劳动能力鉴定结论书。如果进行了劳动能力鉴定，需要提供此结论书。工伤保险管理部门根据劳动能力鉴定的结果核定相应的一次性伤残补助。

（3）工伤费用（待遇）结算审核表用于申请工伤保险待遇的结算和审核，一般根据参保统筹地要求的表式进行填写。

（4）医疗费用相关材料。包括原始收据、住院费用汇总清单、出院小结、门诊病历等，以证明医疗费用的支出情况。

表5-2　　　　　　　　　　　　　　　　　　工伤待遇一览表

项目		一级	二级	三级	四级	五级	六级	七级	八级	九级	十级	负责主体
伤残待遇	一次性伤残补助金（本人受伤前12个月的月均缴费基数）	27倍	25倍	23倍	21倍	18倍	16倍	13倍	11倍	9倍	7倍	工伤基金
	伤残津贴（本人受伤前12个月的月均缴费基数）	90%	85%	80%	75%	70%	60%	—	—	—	—	一级至四级工伤基金支付，五级至六级用人单位难以安排工作时支付
	一次性伤残医疗补助金	—	—	—	—	终止劳动合同关系时，工伤基金支付一次性医疗补助金，具体标准由统筹区政府规定						工伤基金
	一次性伤残就业补助金	—	—	—	—	终止劳动合同关系时，工伤基金支付一次性伤残就业补助金，具体标准由统筹区政府规定						用人单位
	护理费	生活完全不能自理 统筹地区上年度职工月平均工资的50%				生活大部分不能自理 统筹地区上年度职工月平均工资的40%				生活部分不能自理 统筹地区上年度职工月平均工资的30%		工伤基金

59

续表

项目	一级	二级	三级	四级	五级	六级	七级	八级	九级	十级	负责主体
丧葬补助金	三种因工死亡均享受6个月的上年度本地区在岗职工月平均工资										工伤基金
供养亲属抚恤金	职工因工死亡的，配偶每月享受职工本人工资的40%，孤寡老人或者孤儿每人每月30%，其他亲属每人每月高于工死亡职工生前的工资。伤残职工在停工留薪期内因工伤导致死亡的，一级至四级伤残职工在停工留薪期满后死亡的，其近亲属则不享受此待遇										工伤基金
一次性工亡补助金	直接因工死亡享受上一年度全国城镇居民人均可支配收入的20倍。伤残职工在停工留薪期内因工死亡的，不享受此待遇。一级至四级伤残职工在停工留薪期满后死亡的，不享受此待遇										工伤基金

死亡待遇（因工死亡、一级至四级伤残职工在停工留薪期满后死亡）

（5）工伤职工的有效身份证明，如居民身份证等。

（6）其他相关材料。根据具体情况，可能需要提供其他与工伤待遇申请相关的材料，如交通食宿费用证明等。

需要指出的是，具体所需材料可能因地区和政策的不同而有所差异，可咨询当地的社会保险行政部门或工伤保险机构以获取准确的信息。

相关依据：

《工伤保险条例》（中华人民共和国国务院令第 586 号）

第 65 问　非全日制用工如何参加工伤保险？

答： 非全日制用工是指以小时计酬、劳动者在同一用人单位平均每日工作时间不超过 5 小时，累计每周工作时间不超过 30 小时的用工形式。根据《关于非全日制用工若干问题的意见》（劳社部发〔2003〕12 号），用人单位应当按照国家有关规定为建立劳动关系的非全日制劳动者缴纳工伤保险费。从事非全日制工作的劳动者发生工伤，依法享受工伤保险待遇；被鉴定为伤残五级至十级的，经劳动者与用人单位协商一致，可以一次性结算伤残待遇及有关费用。

当前，用工形式更加多样化。为给更多劳动者提供有效保障，解决不符合确立劳动关系情形的特定人员的工伤保障需求，浙江省多部门联合出台了《浙江省用人单位招用不符合确立劳动关系情形的特定人员参加工伤保险办法（试行）》（浙人社发〔2023〕21 号）。根据该办法，不超过 65 周岁的大龄劳动者、大中专学校统一安排的学期性实习学生（包括自行联系实习单位的实习学生），通过互联网平台注册接单，提供网约车、代驾、外卖或者快递等劳务的新就业形态劳动者；在家政服务机构从业的家政服务人员；由第三方平台服务机构或平台统一管理，参与影视、舞台剧制作的群众演员等特定人员，其用人单位可按"按照属地管理和自愿参保"的原则，为这些从业人员单独参加工伤保险，参保人员按规定享受工伤保险待遇。

相关依据：

《关于非全日制用工若干问题的意见》（劳社部发〔2003〕12号）

《浙江省用人单位招用不符合确立劳动关系情形的特定人员参加工伤保险办法（试行）》（浙人社发〔2023〕21号）

第66问　工伤保险可以由人身意外保险替代吗？

答： 工伤保险不能由人身意外保险替代。工伤保险是一种社会保险，是国家强制实施的社会保障制度，旨在为劳动者在工作过程中因工作原因受到事故伤害或患职业病时提供保障。根据《中华人民共和国劳动法》《中华人民共和国社会保险法》的规定，用人单位和劳动者必须依法参加社会保险，包括工伤保险，并缴纳相应的社会保险费。这意味着，无论企业是否参加了商业保险中的人身意外伤害保险，都必须参加并缴纳工伤保险费。

人身意外伤害险是一种商业保险，由保险公司承担保险赔偿的责任。虽然企业可以根据实际情况为职工办理人身意外伤害保险，但这并不能替代工伤保险。工伤保险与人身意外伤害险的主要区别在于，前者是由国家强制实施的社会保险，后者则是一种自愿选择的商业保险。此外，工伤保险通常覆盖更广泛的职业伤害和疾病，包括工作过程中的事故伤害和职业病，而人身意外伤害险可能只覆盖特定的意外伤害情况。

因此，虽然企业可以为员工购买人身意外伤害险以提供额外的保障，但工伤保险作为国家强制实施的社会保险制度，其提供的保障是不可或缺的，不能被商业保险所替代。

相关依据：

《中华人民共和国劳动法》

《中华人民共和国社会保险法》

第五章　工伤保险

第 67 问　劳务派遣用工发生工伤，工伤责任在什么单位？

答： 对于派遣员工，其用工方为劳务派遣公司，故工伤事故责任界定在于劳务派遣公司。

若派遣员工劳务作业时受伤害，通常情况下，劳务派遣公司与用人单位会在协议中约定工伤责任由用人单位承担。

派遣员工遭遇工伤事故后，应直接寻求劳务派遣公司协助处理。后者将依据派遣协议向用人单位索求赔偿。

> **相关依据：**
>
> 《工伤保险条例》（中华人民共和国国务院令第 586 号）
> 《劳务派遣暂行规定》（人力资源社会保障部令第 22 号）
> 《人力资源社会保障部关于执行〈工伤保险条例〉若干问题的意见》（人社部发〔2013〕34 号）

第 68 问　什么是劳动能力鉴定？

答： 职工发生工伤，经治疗伤情相对稳定后，存在残疾、影响劳动能力的，应当进行劳动能力鉴定。劳动能力鉴定，是法定机构对劳动者在职业活动中因工负伤或患职业病后，根据国家工伤保险法规规定，在评定伤残等级时通过医学检查对劳动功能障碍程度（伤残程度）和生活自理障碍程度做出的技术性鉴定结论。

劳动能力鉴定标准由国务院社会保险行政部门会同国务院卫生行政部门等部门制定，劳动功能障碍分为十个伤残等级，最重的为一级，最轻的为十级；生活自理障碍分为生活完全不能自理、生活大部分不能自理和生活部分不能自理三个等级。劳动功能障碍程度分级及内容见表 5-3。生活自理障碍程度分级及内容见表 5-4。

表 5-3　　　　　　　　　劳动功能障碍程度分级及内容

级别	内容
一级	器官缺失或功能完全丧失，其他器官不能代偿，存在特殊医疗依赖，完全、大部分或部分生活自理障碍
二级	器官严重缺损或畸形，有严重功能障碍或并发症，存在特殊医疗依赖，大部分或部分生活自理障碍
三级	器官严重缺损或畸形，有严重功能障碍或并发症，存在特殊医疗依赖，部分生活自理障碍
四级	器官严重缺损或畸形，有严重功能障碍或并发症，存在特殊医疗依赖，部分生活自理障碍或无生活自理障碍
五级	器官大部缺损或明显畸形，有较重功能障碍或并发症，存在一般医疗依赖，无生活自理障碍
六级	器官大部缺损或明显畸形，有中等功能障碍或并发症，存在一般医疗依赖，无生活自理障碍
七级	器官大部分缺损或畸形，有轻度功能障碍或并发症，存在一般医疗依赖，无生活自理障碍
八级	器官部分缺损，形态异常，轻度功能障碍，存在一般医疗依赖，无生活自理障碍
九级	器官部分缺损，形态异常，轻度功能障碍，无医疗依赖或者存在一般医疗依赖，无生活自理障碍
十级	器官部分缺损，形态异常，轻度功能障碍，无医疗依赖或者存在一般医疗依赖，无生活自理障碍

表 5-4　　　　　　　　　生活自理障碍程度分级及内容

级别	内容
生活完全不能自理	进食、翻身、大小便、穿衣洗漱、自主行动五项均需护理
生活大部分不能自理	进食、翻身、大小便、穿衣洗漱、自主行动五项中有三项或四项需要护理

续表

级别	内容
生活部分不能自理	进食、翻身、大小便、穿衣洗漱、自主行动五项中有一项或两项需要护理

相关依据：

《工伤保险条例》（中华人民共和国国务院令第 586 号）

第 69 问　对于不予认定工伤的结果有异议，如何处理？

答： 对于不予认定工伤的结果有异议，可以通过申请行政复议或向人民法院提起行政诉讼来处理。

根据《工伤保险条例》的规定，如果职工或其直系亲属、所在单位对工伤认定申请不予受理的决定不服，可以依法申请行政复议或向人民法院提起行政诉讼。首先是行政复议。申请人可以在得知不予认定工伤决定后的规定时间内（通常是 60 日内），向作出具体行政行为的机关所在区人民政府申请行政复议。在行政复议审理期限内，不能同时因不服同一行政行为提起行政诉讼。如果对行政复议结果仍然不服，申请可以提起行政诉讼。一般可以在得知行政复议结果的 15 日内向具有管辖权的人民法院提起行政诉讼。如果未提出行政复议，也可以在得知具体行政行为的 6 个月内，直接向具有管辖权的人民法院提起行政诉讼。

通过上述途径，申请人可以对自己的权益进行维护，确保自己的合法权益不受侵犯。

相关依据：

《工伤保险条例》（中华人民共和国国务院令第 586 号）

第 70 问　劳动能力鉴定由什么机构进行？

答： 劳动能力鉴定由劳动能力鉴定委员会进行。

劳动能力鉴定机构分为两级：省、自治区、直辖市劳动能力鉴定委员会和设区的市级劳动能力鉴定委员会。设区的市级劳动能力鉴定委员会的鉴定结论是第一级的鉴定结论，申请鉴定的单位或者个人对设区的市级劳动能力鉴定委员会作出的鉴定结论不服的，可以在收到该鉴定结论之日起 15 日内向省、自治区、直辖市劳动能力鉴定委员会提出再次鉴定申请。省、自治区、直辖市劳动能力鉴定委员会的鉴定结论是最终的鉴定结论。劳动能力鉴定委员会由本级人力资源社会保险行政部门、卫生行政部门、工会组织、经办机构的代表及用人单位的代表组成。此外，劳动能力鉴定委员会还建立医疗卫生专家库，将具有医疗卫生高级专业技术职务任职资格、掌握劳动能力鉴定的相关知识和具有良好的职业品德的专家列入专家库中，作为劳动能力鉴定专家组的备用人选。

相关依据：

《工伤保险条例》（中华人民共和国国务院令第 586 号）

第 71 问　工伤职工伤残情况变化，应当如何处理？

答： 工伤职工伤残情况发生变化时，应当自劳动能力鉴定结论作出之日起 1 年后，由工伤职工、用人单位或者社会保险经办机构向相关劳动能力鉴定委员会申请劳动能力复查鉴定。

根据《工伤保险条例》和相关规定，工伤职工伤残情况发生变化时，可以通过以下步骤进行处理：

（1）申请复查鉴定：自劳动能力鉴定结论作出之日起 1 年后，如果工伤职工、用人单位或社会保险经办机构认为伤残情况有变化，可以向相关劳动能力鉴定委员会提出申请，进行劳动能力复查鉴定。

（2）待遇调整：根据复查鉴定的结果，工伤职工将享受调整后的待遇。如果鉴定结论发生变化，应当按照新的鉴定结论享受相应的待遇，待遇的起始时间一般为原鉴定时间的次月。需要注意的是，一次性伤残补助金不再调整。

（3）保留劳动关系：对于被鉴定为一级至四级伤残的工伤职工，应保留劳动关系，退出工作岗位，并享受相应的待遇，包括一次性伤残补助金和按月支付的伤残津贴。伤残津贴的实际金额如果低于当地最低工资标准，将由工伤保险基金补足差额。

（4）医疗费用报销：工伤复发时，如果确认需要治疗，工伤职工可以享受与初次治疗相同的医疗待遇，包括停工留薪期待遇和辅助器具配置费用，这些费用将按照国家规定从工伤保险基金中支付。

通过上述步骤，工伤职工可以确保在伤残情况发生变化时，能够获得适当的待遇调整和必要的医疗支持。同时，这也体现了工伤保险制度对工伤职工权益的保护和对伤残情况变化的适应性调整。

相关依据：

《工伤保险条例》（中华人民共和国国务院令第586号）

第72问 工伤职工从单位离职，其工伤医疗待遇存续吗？

答： 职工因工致残被鉴定为一级至四级伤残的，保留劳动关系，退出工作岗位，由工伤保险基金按月支付伤残津贴直至达到法定退休年龄。

五级至六级伤残的工伤职工，经工伤职工本人提出，该职工可以与用人单位解除或者终止劳动关系，由工伤保险基金支付一次性工伤医疗补助金，此后不再享受工伤相关医疗费报销待遇。

七级至十级伤残的工伤职工，劳动、聘用合同期满终止，或者职工本人提出解除劳动、聘用合同的，由工伤保险基金支付一次性工伤医疗补助金，同样，解除劳动合同后不再享受工伤相关医疗费报销待遇。

> **相关依据：**
>
> 《工伤保险条例》（中华人民共和国国务院令第 586 号）
>
> 《中华人民共和国社会保险法》

第 73 问　企业可以与工伤职工解除劳动合同吗？

答：工伤职工在停工留薪期内，原工资福利待遇不变，由所在单位按月支付。也就是说，用人单位不得与处于停工留薪期内的工伤职工解除或终止劳动关系。

职工因工致残被鉴定为一级至四级伤残的，保留劳动关系，退出工作岗位，由工伤保险基金支付一次性伤残补助金，以及按月支付伤残津贴。由用人单位和职工个人以伤残津贴为基数，缴纳基本医疗保险费。工伤职工达到退休年龄并办理退休手续后，停发伤残津贴，按照国家有关规定享受基本养老保险待遇。

职工因工致残被鉴定为五级、六级伤残的，由工伤保险基金支付一次性伤残补助金，并保留与用人单位的劳动关系，由用人单位安排适当的工作。难以安排工作的，由用人单位按月发给伤残津贴，并由用人单位按照规定为其缴纳应缴纳的各项社会保险费。经工伤职工本人提出，该职工可以与用人单位解除或者终止劳动关系，由工伤保险基金支付一次性工伤医疗补助金，由用人单位支付一次性伤残就业补助金。

职工因工致残被鉴定为七级至十级伤残的，由工伤保险基金支付一次性伤残补助金，劳动、聘用合同期满终止，或者职工本人提出解除劳动、聘用合同的，由工伤保险基金支付一次性工伤医疗补助金，由用人单位支付一次性伤残就业补助金。

综上，工伤职工中，一级至四级伤残的，保留劳动关系至达到退休年龄并办理退休手续时止；五级、六级伤残的，经工伤职工本人提出可以与用人

第五章　工伤保险

单位解除或者终止劳动关系；七级至十级伤残的，劳动、聘用合同期满终止或者职工本人提出，可以解除劳动、聘用合同。即用人单位在任何情况下，都不得依据《中华人民共和国劳动合同法》第四十条、第四十一条的规定主动解除与工伤人员之间的劳动合同或裁减工伤人员。

相关依据：

《工伤保险条例》（中华人民共和国国务院令第 586 号）

第 74 问　工伤期间，对工资待遇有什么影响？

答： 工伤期间的工资待遇是原工资福利待遇不变，由所在单位按月支付。这意味着，如果员工因工作遭受事故伤害或患职业病需要暂停工作接受工伤医疗，在停工留薪期内，员工应享受与受伤前相同的工资福利待遇。停工留薪期一般不超过 12 个月。伤情严重或者情况特殊的，经设区的市级劳动能力鉴定委员会确认，可以适当延长，但延长不得超过 12 个月。工伤职工评定伤残等级后，停发原待遇，按照本章的有关规定享受伤残待遇。生活不能自理的工伤职工，在停工留薪期需要护理的，由所在单位支付相应护理费。工伤职工在停工留薪期满后仍需治疗的，继续享受工伤医疗待遇。

工伤期间的工资待遇保持原工资福利待遇不变，确保了工伤职工在工伤治疗和康复期间的经济来源，同时也应当享受相应的医疗和伤残待遇，全面保障员工的权益。

相关依据：

《工伤保险条例》（中华人民共和国国务院令第 586 号）

第六章 失业保险

第75问 失业保险的作用是什么？

答： 失业保险是社会保障体系的重要组成部分，是社会保险的组成部分之一。失业保险是指国家通过立法强制实行的，由用人单位、职工个人缴费及国家财政补贴等渠道筹集资金建立失业保险基金，对因失业而暂时中断生活来源的劳动者提供物质帮助以保障其基本生活，并通过专业训练、职业介绍等手段为其再就业创造条件的制度。与其他社会保险险种一样，失业保险也具有普遍性、强制性和互济性特点。

失业保险不仅为失业人员提供了一定的经济支持，还通过提供职业培训和就业介绍等服务，帮助他们尽快重新就业，从而减少长期失业对社会和个人带来的负面影响。此外，失业保险还提供了多种待遇，如失业保险金、农民合同制工人一次性生活补助、职业培训补贴、稳岗返还和技能提升补贴等，以帮助失业人员尽快恢复工作和提高他们的就业竞争力。

相关依据：

《失业保险条例》（中华人民共和国国务院令第258号）

第六章　失业保险

《中华人民共和国社会保险法》

第76问　领取失业保险金的条件是什么？

答： 失业人员同时具备以下条件，即可享受失业保险待遇：

（1）按规定参加失业保险，所在单位和个人已按规定履行缴费义务满1年。

（2）非因本人意愿中断就业的。

（3）已办理失业登记，并有求职要求的。

其中，属于非本人意愿中断就业包括以下几类情况：①终止劳动合同的；②被用人单位解除劳动合同的；③被用人单位开除、除名和辞退的；④因用人单位以暴力、威胁或者非法限制人身自由的手段强迫劳动、与用人单位解除劳动合同的；⑤因用人单位未按照劳动合同约定支付劳动报酬或者提供劳动条件，与用人单位解除劳动合同的；⑥法律法规另有规定的。也就是说，若职工自愿提出辞职，是不符合享受失业保险金的条件的。

相关依据：

《失业保险条例》（中华人民共和国国务院令第258号）

《中华人民共和国社会保险法》

第77问　如何申领失业保险金？

答： 领取失业保险金，应当按要求准备并提交申请材料。一般来说，申领失业保险金需要准备以下材料：①身份证或社会保障卡；②终止或解除劳动合同证明；③失业登记及求职证明；④失业保险金申领登记表。

可通过线上或线下途径提交申请。线下申领，一般是前往参保地区县失业保险经办机构提交申请材料。失业人员也可通过线上途径进行申领，一般是通过政府指定的在线平台或应用程序提交申请材料。异地就业缴纳社保的失业人员，可以在最后参保地申请，也可以选择回户籍地申领。

　　失业人员提交申请后，由失业保险经办机构进行审核。经办机构在受理申请后 10 日内作出审核认定，对符合条件的，通知其本人领取失业保险金；不符合条件的，作出书面答复并通知本人。失业人员接到领取通知后，凭身份证明和《就业失业证》，按月到指定银行支取失业保险金。

　　需要注意的是，申领失业保险金的时间没有限制，失业人员可以随时申领，但最长领取期限根据累计缴费时间确定，累计缴费满 1 年不足 5 年的，领取失业保险金的期限最长为 12 个月；累计缴费满 5 年不足 10 年的，领取失业保险金的期限最长为 18 个月；累计缴费 10 年以上的，领取失业保险金的期限最长为 24 个月。

相关依据：

《失业保险条例》（中华人民共和国国务院令第 258 号）

《中华人民共和国社会保险法》

《关于扎实做好失业保险发待遇发放工作的通知》（人社厅发〔2022〕27 号）

失业保险待遇全国统一申领入口网址：si.12333.gov.cn

第 78 问　失业保险金可以一直领取吗？

答： 失业保险金不是可以一直领取的，而有一定的期限规定。根据《中华人民共和国社会保险法》和《失业保险条例》相关规定，失业人员领取失业保险金的期限根据缴费年限核定，每次失业核定的领取期限最长为 24 个月。如果失业人员在领取失业保险金期间重新就业后再次失业，缴费时间会重新计算，其领取失业保险金的期限可以与前次失业应领取而尚未领取的失业保险金的期限合并计算，但最长不得超过 24 个月。例如，某职工 A 失业时累计缴纳失业保险年限为 6 年，根据规定，其领取失业保险金的期限最长为 18 个月，若该人员领取 18 个月后，仍然未重新就业，那么将无法继续领取失业保险金。

> **相关依据：**
>
> 《失业保险条例》(中华人民共和国国务院令第 258 号)
>
> 《中华人民共和国社会保险法》

第 79 问　什么情况下，停止享受失业保险待遇？

答： 失业人员在领取失业保险金期间，如果出现以下情形之一，将停止领取失业保险金，并同时停止享受其他失业保险待遇：

（1）重新就业。当失业人员找到新的工作并开始工作时，其身份不再是失业人员，而属于就业人员，自然也不符合领取失业保险金的条件。

（2）应征服兵役。如果失业人员被征召入伍，其身份转变为军人，不再保留失业人员的属性。因此，这类人员也不能继续享受失业保险待遇。

（3）移居境外。如果失业人员决定移居到境外，也将不再符合领取失业保险金的条件。我国失业保险实行属地管辖原则，要求在境内有一定的居住地并长期居住，这是满足境内就业的基本条件。且当失业人员移居境外，相关部门也无法掌握该人员的就业状态等信息。

（4）享受基本养老保险待遇。当失业人员开始享受基本养老保险待遇时，意味着他们已经有了稳定的生活来源，因此也不再享受失业保险金。

（5）无正当理由，拒不接受公共就业服务机构介绍的适当工作或者提供的培训。拒绝适当工作或培训，意味着失业人员主动放弃了就业的可能性。在这种情况下，也会停发其失业保险金。

（6）被判刑收监执行或者被劳动教养的。

（7）有法律、行政法规规定的其他情形的。

这些规定旨在确保失业保险金的合理使用和分配，以真正帮助那些因非个人原因而失业、确实需要经济支持、且有求职意愿的人员。失业保险经办机构按月开展失业保险数据比对核查工作，对欺诈、套取失业保险待遇者进行核查。若出现领取失业保险待遇期间隐瞒就业事实、已办理退休享受养老保险待遇或以职工身份缴纳社会保险费期间仍领取失业保险待遇等行为，将按违规领取、冒领、骗取行为处理。

相关依据：

《失业保险条例》（中华人民共和国国务院令第258号）

《中华人民共和国社会保险法》

第80问 失业稳岗补贴是什么？

答： 稳岗补贴是指为保障社会大局面的稳定，保障广大企业职工的权益，国家政府鼓励企业尽量不裁员或少裁员，稳定企业用工岗位，出台了实施困难的企业稳岗补贴政策，对依法参加失业保险并足额缴纳失业保险费，且上年度未裁员或裁员率低于统筹地区城镇登记失业率的企业发放稳岗补贴。

简单来说，稳岗补贴就是为了稳定企业岗位职工，减少裁员或不裁员而对企业发放补助性补贴。实施失业稳岗补贴，失业保险统筹地区上年失业保险基金滚存结余具备一年以上支付能力。申请稳岗补贴的企业，应当依法参加失业保险并足额缴纳失业保险费，上年度未裁员或裁员率低于统筹地区城镇登记失业率。目前，很多统筹区都实行"免申即享"，通过后台数据比对向符合条件的企业发放失业稳岗返还金额。

相关依据：

《关于失业保险支持企业稳定岗位有关问题的通知》（人社部发〔2014〕76号）

《关于延续实施失业保险援企稳岗政策的通知》（人社部发〔2024〕40号）

第81问　失业稳岗补贴如何使用？

答：稳岗补贴可用于职工生活补助、缴纳社会保险费、转岗培训、技能提升培训等相关支出。失业稳岗补贴的目标是支持企业稳定岗位，减少失业，促进就业。因此，稳岗补贴的使用必须符合这一目标。具体来说，稳岗补贴可以用于以下几个方面：

（1）职工生活补助：为受影响的职工提供临时性的生活补助，帮助他们渡过难关，保持基本生活水平。

（2）缴纳社会保险费：确保职工的社会保险费用得到支付，保障职工的社会保障权益。同时，降低企业的生产经营成本，减轻企业负担。

（3）转岗培训：对于因经济结构调整、技术更新等原因需要转岗的职工，提供必要的转岗培训，帮助他们适应新的工作岗位需求。

（4）技能提升培训：鼓励职工提升自身技能，适应市场需求的变化，提高职工的就业竞争力和企业的生产效率。

通过使用稳岗补贴，减轻企业经济压力，降低生产经营成本，帮助职工进行岗位和技能培训，从而促进企业的正常运营和职工的稳定就业。

> **相关依据：**
>
> 《关于失业保险支持企业稳定岗位有关问题的通知》（人社部发〔2014〕76号）
>
> 《关于延续实施失业保险援企稳岗政策的通知》（人社部发〔2024〕40号）

第82问　领取失业保险金人员个人需要缴纳医疗保险吗？

答：领取失业保险金人员个人不需要缴纳医疗保险。根据《中华人民共和国社会保险法》第四十八条的规定，失业人员在领取失业保险金期间，参加职工基本医疗保险,享受基本医疗保险待遇。失业人员应当缴纳的基本医疗保险费从失业保险基金中支付,个人不缴纳基本医疗保险费。这意味着在领取失业金的同时,失业人员的医疗保险权益也会得到保障。这一政策旨在确保失业人员在失业期间仍能享受到基本的医疗保障,防止失业人员在失业期间因疾病带来更大的经济负担。

相关依据:

《失业保险条例》(中华人民共和国国务院令第 258 号)

《中华人民共和国社会保险法》

第 83 问　失业保险待遇有哪些?

答: 失业保险待遇包括失业保险金、医疗保险待遇、职业技能培训和职业介绍及其他一次性补助。

(1)失业保险金:失业保险金为失业人员提供了经济方面的支持,失业保险金的标准,按照低于当地最低工资标准、高于城市居民最低生活保障标准的水平,由省、自治区、直辖市人民政府确定。实际操作中,通常按照当地最低工资标准的一定比例发放,如 80%。失业保险金的领取期限和金额根据个人的缴费年限确定。

(2)医疗保险待遇:在领取失业保险金期间,失业人员可以参加职工基本医疗保险,享受基本医疗保险待遇,且个人无须缴纳基本医疗保险费。

(3)职业技能培训和职业介绍:为了帮助失业人员重新就业,提供职业培训和职业介绍服务,这些服务通常由失业保险基金支付。

(4)其他一次性补助:包括一次性扩岗补助和农民合同制工人一次性生活补助等,这些补助旨在支持特定群体或特定情况下的失业人员。

此外,失业人员在领取失业保险金期间死亡的,其遗属可以享受一次性丧葬补助金和抚恤金。这些福利待遇共同构成了失业保险制度,旨在保障失业人员的基本生活并促进其再就业。

第六章　失业保险

相关依据：

《失业保险条例》（中华人民共和国国务院令第 258 号）

《中华人民共和国社会保险法》

第七章 企业年金

第84问 企业年金是什么？

答： 企业年金是企业在依法参保基本养老保险的基础上，自主建立的补充养老保险制度。我国多层次养老保险体系包括养老保险"三支柱"，其中，基本养老保险为第一支柱，是养老保险体系的主体；企业年金属于第二支柱，进一步为职工晚年生活提供了保障。企业年金由企业和职工共同缴纳，并按规定由受托机构、账管机构、托管机构和投管机构进行运营。职工退休或符合领取条件时，可以领取企业年金。

我国企业年金经历了30余载的发展，最早萌芽于20世纪90年代初。早在1991年，国务院颁布的《关于企业职工建立补充养老保险改革的决定》（国发〔1991〕33号）提出，要逐步建立起基本养老保险与企业补充养老保险和职工个人储蓄性养老保险相结合的制度。此后，企业年金制度在逐步地探索中形成框架。2016年，《企业年金办法》（中华人民共和国人力资源和社会保障部 中华人民共和国财政部第36号令）颁布，对企业年金的建立、企业年金资金的筹集、账户管理和待遇领取等做了规定。后续出台了一系列制度和办法，对企业年金的基金管理、资产配置、管理机构的投资行为和托管行为等进行规范。截至 2023 年底，我国共有 14.17 万户企业建立了企业年金，参加人数达 3114 万人，企业年金基金总量规模达到 3.19 万亿元。企业年金为职工退休后在基本养老保险待遇的基础上再添一份收入来源，有利于退休生活品质的提高。

> **相关依据：**
>
> 《企业年金办法》（人力资源社会保障部令第 36 号）

第 85 问　建立企业年金的条件是什么？

答： 建立企业年金的条件包括以下几点：

（1）依法参加职工基本养老保险并履行缴费义务。根据《企业年金办法》之规定，单位建立企业年金的前提是依法参加基本养老保险。社会保险是一种强制的社会保障制度，用人单位应依法为职工参加基本养老保险，而企业年金是企业在此基础上自愿建立的制度，国家并未强制规定。因此，依法参保缴纳基本养老保险是建立企业年金的前置条件。

（2）具有相应的经济负担能力。建立企业年金的企业应当具有相应的负担能力，企业年金的资金来源于企业和职工共同缴费，建立企业年金的单位，在基本社会保险的基础上承担企业年金的单位缴费部分，因此应当具有经济承受能力。

（3）基础管理规范，民主制度健全，已建立集体协商机制。企业建立企业年金，应当与职工一方通过集体协商确定，并制订企业年金方案。企业年金方案应当提交职工代表大会或者全体职工讨论通过。企业年金方案应规定企业年金的参加人员、资金的筹集和分配方法、账户管理等内容。若无成熟健全的集体协商制度，企业年金方案的制订和确立难以实现。因此，建立企业年金的企业，需要满足以上三个方面的条件。

相关依据：

《企业年金办法》（人力资源社会保障部令第 36 号）

第 86 问　企业年金的管理机构有哪些？

答： 企业年金基金管理机构包括企业年金理事会或法人受托机构（受托人）、企业年金基金账户管理机构（账户管理人）、企业年金基金托管机构（托管人）、企业年金基金投资管理机构（投资管理人），各管理机构各司其职，相互协同共同进行企业年金的运营管理和业务开展。受托人是指受托管理企业年金基金的符合国家规定的养老金管理公司等法人受托机构或者企业年金理事会。账户管理人是指接受受托人委托管理企业年金基金账户的专业机构。托管人是指接受受托人委托保管企业年金基金财产的商业银行。投资管理人是指接受受托人委托投资管理企业年金基金财产的专业机构。

建立企业年金计划的企业及其职工作为委托人，与受托人签订受托管理合同。受托人与账户管理人、托管人和投资管理人分别签订委托管理合同。受托人应当将受托管理合同和委托管理合同报人力资源和社会保障行政部门备案。一个企业年金计划应当仅有一个受托人、一个账户管理人和一个托管人，可以根据资产规模大小选择适量的投资管理人。

同一企业年金计划中，受托人与托管人、托管人与投资管理人不得为同一人；建立企业年金计划的企业成立企业年金理事会作为受托人的，该企业与托管人不得为同一人；受托人与托管人、托管人与投资管理人、投资管理人与其他投资管理人的总经理和企业年金从业人员，不得相互兼任。同一企业年金计划中，法人受托机构具备账户管理或者投资管理业务资格的，可以兼任账户管理人或者投资管理人。

相关依据：

《企业年金基金管理办法》（人力资源社会保障部、银监会、证监会、

保监会令第 11 号）

第 87 问　企业年金方案是什么？可以变更吗？

答： 企业建立企业年金，应当与职工一方通过集体协商确定，并制订企业年金方案。企业年金方案包括参加人员、资金的筹集与分配的比例和办法、账户管理、权益归属、基金管理、待遇的计发和支付方式、方案的变更和终止、组织管理和监督方式，以及其他双方约定的事项。企业年金方案应提交职工代表大会或全体职工讨论通过，通过后需要报送至人力资源社会保障行政部门进行备案。中央所属企业的企业年金方案报送中华人民共和国人力资源和社会保障部；跨省企业的企业年金方案报送其总部所在地省级人民政府人力资源和社会保障行政部门；省内跨地区企业的企业年金方案报送其总部所在地设区的市级以上人民政府人力资源和社会保障行政部门。人力资源和社会保障行政部门自收到企业年金方案文本之日起 15 日内未提出异议的，企业年金方案即行生效。一般情况下，人力资源和社会保障行政部门会向企业出具相应备案函，作为备案通过的依据。

企业年金方案生效后，企业即可按照方案之规定，开展企业年金的缴费计提、分配、待遇支付等业务。若由于企业经营情况发生变化、国家相关政策发生变化，企业经与职工协商一致，需要对企业年金方案内容进行修订的，可以对年金方案进行变更。变更后，需要重新向人力资源和社会保障行政部门进行备案。

相关依据：

《企业年金办法》（人力资源社会保障部令第 36 号）

第 88 问　企业年金如何缴费？

答： 企业年金由企业和职工共同缴费筹资。《企业年金办法》对缴费比例范围做了规定，企业缴费每年不超过本企业职工工资总额的8%，企业和职工个人缴费合计不超过本企业职工工资总额的12%，具体所需费用，由企业和职工协商确定。建立企业年金的企业，需要在企业年金方案中对缴费比例作出规定。若缴费比例高，对企业的经济承受能力有较高的要求，过高的缴费比例可能给企业带来较大的负担，从而影响企业年金计划的可持续性；而缴费比例过低，其基金规模可能过小，对职工养老资金的补充作用不明显。且国家对企业年金个人缴费有税收优惠政策支持，适当的缴费比例可以让职工享受到更多的税收优惠。因此，比例过高或过低都不合适，一般需要综合考虑企业承受能力、职工个人缴费承受能力、职工年龄结构等实际情况进行确定。

在实际操作中，缴费基数可以使用本年度工资总额或上年度工资总额。确定缴费基数后，根据企业年金方案约定的缴费比例计算缴费。企业年金缴费一般按月进行缴费，其中企业缴费由企业计提缴纳，个人缴费部分由企业从职工个人工资中代扣代缴。

企业年金的缴费包括委托人发起和账管人发起两种模式。实际操作中，由委托人发起的企业年金缴费流程更为常见。委托人将参加本企业年金计划的职工缴费总额及明细情况汇总通知受托人，由受托人将缴费信息提供给账管人，账管人据此进行系统设置和信息录入，核对后计算缴费总额及明细情况，生成企业缴费和个人缴费账单。受托人收到账管人的缴费账单后进行核对确认，并通知委托人进行缴费划款，在收到委托人划款回执后，向托管人出具收款指令。托管人收到款项后核对实收金额并将确认结果反馈受托人，受托人通知账管人进行相应的记账处理，将缴费按约定规则计入个人账户和企业账户中。

相关依据：

《企业年金办法》（人力资源社会保障部令第36号）

第 89 问　企业年金个人账户是什么？

答： 企业年金个人账户记录了每一位参加企业年金计划的职工的基本信息、缴费信息、收益信息等。个人账户余额包括职工个人缴费、单位划入部分缴费和投资产生收益。企业年金账户管理人为每一位职工建立个人账户。职工个人缴费部分全部计入本人企业年金账户，单位缴费部分，按照企业年金方案确定的比例和办法计入职工企业年金个人账户。企业缴费部分的常见分配方式包括按比例分配，即根据参加计划职工的缴费基数按照同样比例计入职工账户。也可综合考虑职工的岗位责任、工作年限、考核结果等因素确定系数，由此确定企业缴费分配额。为充分发挥企业年金的激励作用，向关键岗位、核心骨干等适度倾斜，具体分配规则由单位根据实际情况确定，并在企业年金方案中明确。同时，也应当确保公平，合理控制本单位当期企业缴费计入职工个人账户的最高额与平均额的差距。根据《企业年金办法》规定，当期企业缴费计入职工个人账户的最高额与平均额的差距不得超过5倍。

参加企业年金计划的职工，可以通过所参加企业年金计划的账管人提供的渠道对本人企业年金缴费、账户资产等信息进行查询，一般包括电话查询、网上查询、手机 App 自助查询等。企业年金当期计入个人账户的差异规定如图 7-1 所示。

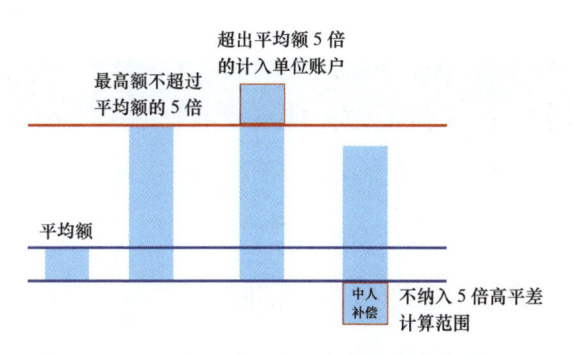

图 7-1　企业年金当期计入个人账户的差异规定

相关依据：

《企业年金办法》（人力资源社会保障部令第 36 号）

第 90 问　企业年金的领取条件什么？

答： 职工参加企业年金计划，需满足以下条件方能领取企业年金待遇：

（1）职工达到国家规定的退休年龄或者完全丧失劳动能力时。

（2）出国或出境定居。

（3）职工或者退休人员死亡。当职工达到法定退休年龄或完全丧失劳动能力时，可以从本人企业年金个人账户中按月、分次或者一次性领取企业年金，也可以将本人企业年金个人账户资金全部或者部分购买商业养老保险产品，依据保险合同领取待遇并享受相应的继承权。出国或出境定居人员的企业年金个人账户资金，可以根据本人的需要，要求一次性支付给本人。职工或者退休人员死亡后，其企业年金个人账户余额可以继承。

符合上述条件之一领取企业年金待遇的，一般需提供对应的材料，如批准退休的材料、劳动能力鉴定委员会出具完全丧失劳动能力鉴定结论、出国或出境定居的材料或死亡证明。达到法定退休年龄或完全丧失劳动能力领取企业年金的，还需确认领取方式。

未达到上述企业年金领取条件之一的，不得从企业年金个人账户中提前提取资金。

相关依据：

《企业年金办法》（人力资源社会保障部令第 36 号）

第 91 问　企业年金缴费如何归属？

答： 企业年金个人账户包含企业缴费、个人缴费及其投资收益。其中，个人缴费部分及其投资收益自始至终属于职工个人。企业缴费及其投资收益根据企业年金方案约定进行归属。企业可以与职工一方约定其自始归属于职工个人，也可以约定随着职工在本企业工作年限的增加逐步归属于职工个人，完全归属于职工个人的期限最长不超过 8 年。其中，权益归属最长年限是指职工在本单位工作时间。但在以下情形下，个人账户中企业缴费及收益完全归属于个人：

（1）职工达到法定退休年龄、完全丧失劳动能力或者死亡的。

（2）依据《企业年金办法》第十二条规定，企业年金方案终止的（包括企业因依法解散、被依法撤销或者被依法宣告破产等原因，致使企业年金方案无法履行的；因不可抗力等原因致使企业年金方案无法履行的；企业年金方案约定的其他终止条件出现的）。

（3）非因职工过错企业解除劳动合同的，或者因企业违反法律规定职工解除劳动合同的。

（4）劳动合同期满，由于企业原因不再续签劳动合同的。

（5）企业年金方案约定的其他情形。

实践中，较为常见的是企业缴费部分随着职工在本企业工作年限增长逐步归属职工个人，职工在本企业工作年限越长，归属比例越高，也就是"阶梯式"归属模式。设置合适的归属年限，有助于激励服务企业年限长的职工，有利于企业留住人才，提升职工的忠诚度，而最长归属年限的规定，也有效地防止了企业利用不合理的归属年限克扣职工福利。企业可以在最长归属年限范围内，与职工一方协商、结合实际情况约定归属规则，达到激励有效性和职工认同性的平衡。年金企业缴费部分归属规则示意见表 7-2。

表 7-2　　　　　　　年金企业缴费部分归属规则示意

权益归属核算时点	在本单位工作年限 N	归属比例
职工与本单位解除劳动合同	$N <$ ＿＿ 年	××%
	＿＿ 年 $\leq N <$ ＿＿ 年	××%
	＿＿ 年 $\leq N <$ ＿＿ 年	××%

续表

权益归属核算时点	在本单位工作年限 N	归属比例
职工与本单位解除劳动合同	...	...
	N ≥ ___ 年	××%
企业年金方案终止		
达到法定退休年龄、完全丧失劳动能力或者死亡		100%
非因职工过错企业解除劳动合同，或者因企业违反法律规定职工解除劳动合同		
劳动合同期满，由于企业原因不再续签劳动合同		
（其他特殊情况）	—	—

备注：N 是指在本单位的工作年限，不得超过 8 年（含）；其他需要说明的事项。

相关依据：

《企业年金办法》（人力资源社会保障部令第 36 号）

第 92 问　缴纳和领取企业年金，需要交税吗？如何计算？

答： 根据《财政部　人力资源社会保障部　国家税务总局关于企业年金　职业年金个人所得税有关问题的通知》（财税〔2013〕103 号），自 2014 年 1 月 1 日起，在企业年金缴费和投资阶段，个人暂不缴纳个人所得税。企业根据国家有关政策规定的办法和标准，为在本单位职工缴付的企业年金单位缴费部分，在计入个人账户时，个人暂不缴纳个人所得税。根据国家有关政策规定缴付的年金个人缴费部分，在不超过本人缴费工资计税基数的 4% 标准内的部分，暂从个人当期的应纳税所得额中扣除。其中，企业年金个人缴费工资计税基数为本人上一年度月平均工资，月平均工资按国家统计局规定列入工资总额统计的项目计算。月平均工资超过职工工作地所在设区城市上一年度职工月平均工资 300% 以上的部分，按照 300% 封顶。年金基金投资运营收益分配计入个人账户时，个人暂不缴纳个人所得税。因此，对于参加企业年金计划的职工而言，缴纳企业年金也意味着享受税收递延的优惠政策。

在领取企业年金时，需要缴纳个人所得税。2018 年，随着《中华人民共和国个人所得税》修正，财政部、国家税务局印发《关于个人所得税法修改后有关优惠政策衔接问题的通知》（财税〔2018〕164 号），职工达到国家规定的退休年龄或完全丧失劳动能力，领取的企业年金，符合财税〔2013〕103 号文件规定的，不并入综合所得，全额单独计算应纳税款。其中，按月领取的，适用月度税率表计算纳税；按季领取的，平均分摊计入各月，按每月领取额适用月度税率表计算纳税；按年领取的，适用综合所得税率表计算纳税。个人因出境定居，或职工死亡后其指定受益人或法定继承人一次性领取的企业年金个人账户资金，适用综合所得税率表（见表 7-3）计算纳税。职工除上述特殊原因外，一次性领取企业年金个人账户资金或余额的，适用月度税率表（见表 7-4）计算纳税。

表 7-3　　　　　　　　综合所得税率表

级数	全年应纳税所得额	税率（%）	速算扣除数（元）
1	不超过 36000 元的	3	0
2	超过 36000 元至 144000 元的部分	10	2520
3	超过 144000 元至 300000 元的部分	20	16920
4	超过 300000 元至 420000 元的部分	25	31920
5	超过 420000 元至 660000 元的部分	30	52920
6	超过 660000 元至 960000 元的部分	35	85920
7	超过 960000 元的部分	45	181920

表 7-4　　　　　　　综合所得税率表（按月）

级数	全月应纳税所得额	税率（%）	速算扣除数（元）
1	不超过 3000 元的	3	0
2	超过 3000 元至 12000 元的部分	10	210
3	超过 12000 元至 25000 元的部分	20	1410
4	超过 25000 元至 35000 元的部分	25	2660
5	超过 35000 元至 55000 元的部分	30	4410
6	超过 55000 元至 80000 元的部分	35	7160
7	超过 80000 元的部分	45	15160

由于 2014 年 1 月 1 日前缴付的企业年金在缴费环节就已缴纳个人所得税，在领取企业年金时，应纳税所得额应该扣除已纳税部分。在个人分期领取的情况下，可以按照 2014 年前缴费金额即按全部缴费金额的百分比减计当期应纳税所得额，减计金额按照前述规定计税。

相关依据：

《财政部　人力资源社会保障部　国家税务总局　关于企业年金　职业年金个人所得税有关问题的通知》财税〔2013〕103 号

《关于个人所得税法修改后有关优惠政策衔接问题的通知》财税〔2018〕164 号

第 93 问　企业年金的管理模式有哪些？

答： 企业年金的管理模式包括理事会模式和法人受托模式。理事会受托模式是指建立企业年金计划的企业和参加该年金计划的员工将企业年金基金的管理权和相关事务委托给企业内部年金理事会，由其进行企业年金基金的处置和管理、开展企业年金日常事务处理。企业年金理事会由企业和职工代表组成，也可以聘请企业之外的专业人员参加，其中，职工代表不少于三分之一。而法人受托模式是指以符合国家规定的法人受托机构作为企业年金计划的受托人，由其行使处置和管理企业年金基金的相关职责。目前，具有法人受托资质的机构包括7家保险公司、4家银行、1家信托公司。

理事会模式和法人受托模式各具优势。采用理事会模式，由于理事会成员为企业内部机构，因此与委托人利益高度一致，便于进行高效沟通。理事会了解企业经营状况和特点，能够有针对性地分析企业年金运营目标和需求，且理事会不产生管理费，因此能够节约管理成本。法人受托机构必须符合注册资本及净资产的要求，有完善的法人治理结构、健全的风险管控制度等。法人受托机构作为专业金融机构，在企业年金计划设计、投资运营、信息披露等方面具有专业优势。法人机构独立于企业，在做投资决策时，受企业内部干预较小，有利于站在专业角度进行投资策略制定。

相关依据：

《企业年金办法》（人力资源社会保障部令第36号）

第94问 中小企业如何建立企业年金？

答： 依法缴纳基本养老保险、具有相应经济负担能力，经企业与职工一方协商一致的，可以建立企业年金。企业可以结合实际情况，确定采用法人受托模式或是理事会模式进行企业年金的管理运营，由受托人与账户管理人、托管人和投资管理人分别签订委托管理合同，进行企业年金计划运行。管理机构的选择、年金方案的制定与备案、向人力资源和社会保障行政部门进行计划备案，对企业相关管理人员有一定专业要求，且需要耗费相应的人力。同时，中小企业的企业年金资金规模并不大，在投资运作时不具备规模优势。企业年金集合计划为中小企业建立企业年金提供了一种较为便捷高效的选择。企业年金集合计划指同一受托人将多个委托人交付的企业年金基金，集中进行受托管理的企业年金计划。法人受托机构设立集合计划，应当制订集合计划受托管理合同，为每个集合计划确定账户管理人、托管人各一名，投资管理人至少三名；并分别与其签订委托管理合同。集合计划受托人应当将制订的集合计划受托管理合同、签订的委托管理合同及该集合计划的投资组合说明书报人力资源和社会保障部备案。为规范企业年金集合计划，出台了相关政策对集合计划的设立、变更、终止、管理运行和信息披露做了规定。

企业年金集合计划通过制定标准化合同、业务流程和多样的投资方式，满足企业实现企业年金的高效建立和日常管理需求。由于集合企业年金计划是标准化的已成型服务产品，这样就省去了管理人选择、年金方案制订和备案等步骤，大大加快了中小企业建立企业年金制度的速度，为中小企业建立企业年金制度带来极大的方便。截至 2023 年底，共有 59 个备案登记的企业年金集合计划。

相关依据：

《企业年金基金管理办法》（中华人民共和国人力资源和社会保障部　中国银行业监督管理委员会　中国证券监督管理委员会　中国保险监督管理委员会第 11 号令）

《人力资源和社会保障部关于企业年金集合计划试点有关问题的通知》（人社部发 20118 号）

《2023 年全国企业年金基金业务数据摘要》

第 95 问　企业年金的投资工具包括哪些？

答： 企业年金基金投资管理应当遵循谨慎、分散风险的原则，充分考虑企业年金基金财产的安全性、收益性和流动性，实行专业化管理。根据 2011 年发布的《企业年金基金管理办法》（中华人民共和国人力资源和社会保障部　中国银行业监督管理委员会　中国证券监督管理委员会　中国保险监督管理委员会第 11 号令），企业年金基金财产限于境内投资，投资范围包括银行存款、国债、中央银行票据、债券回购、万能保险产品、投资连结保险产品、证券投资基金、股票，以及信用等级在投资级以上的金融债、企业（公司）债、可转换债（含分离交易可转换债）、短期融资券和中期票据等金融产品。2020年，人力资源和社会保障部印发《人力资源和社会保障部关于调整年金基金投资范围的通知》（人社部发〔2020〕95号），对企业年金基金的投资范围做了调整，企业年金基金投资限于中国境内投资和中国香港市场投资。境内投资范围包括银行存款、标准化债权类资产、债券回购、信托产品、债权投资计划、公开募集证券投资基金、股票、股指期货、国债期货、养老金产品。其中，标准化债权类资产指依法发行（包括公开发行和非公开发行）的固定收益证券，包括国债，中央银行票据，同业存单，政策性、开发性银行债券，以及信用等级在投资级以上的金融债、企业债、公司债、可转换债、可交换债、（超）短期融资券、中期票据、非公开定向债务融资工具、信贷资产支持证券、资产支持票据、证券交易所挂牌交易的资产支持证券。

中国香港市场投资指年金基金通过股票型养老金产品或公开募集证券投资基金，投资内地与香港股票市场交易互联互通机制下允许买卖的香港联合交易所上市股票（简称港股通标的股票）。

> **相关依据：**
>
> 《企业年金基金管理办法》（中华人民共和国人力资源和社会保障部　中国银行业监督管理委员会　中国证券监督管理委员会　中国保险监督管理委员会第11号令）
>
> 《人力资源和社会保障部　关于调整年金基金投资范围的通知》（人社部发〔2020〕95号）

第96问　企业年金计划在什么情况下中止或终止？

答： 企业建立企业年金应当与职工一方通过集体协商确定，并制订企业年金方案。企业年金方案的内容应包含资金筹集和分配的比例和办法、企业年金方案的变更和终止等内容。企业年金方案提交职工代表大会或者全体职工讨论通过、经向人力资源和社会保障行政部门备案通过后实行。由于企业年金的缴费给企业带了额外的经济负担，在企业经营困难的时期，可能存在难以继续缴费的情况。在实行企业年金后，企业如遇到经营亏损、重组并购等当期不能继续缴费的情况，经与职工一方协商，可以中止缴费。当企业恢复正常经营、无法继续缴费的情况消失后，企业和职工恢复缴费，并可以根据本企业实际情况，按照中止缴费时的企业年金方案予以补缴。其中，补缴的年限和金额不得超过实际中止缴费的年限和金额。

当发生以下情形时，企业年金方案终止：①企业因依法解散、被依法撤销或者被依法宣告破产等原因，致使企业年金方案无法履行的；②因不可抗力等原因致使企业年金方案无法履行的；③企业年金方案约定的其他终止条件出现的。

相关依据：

《企业年金办法》（人力资源社会保障部令第 36 号）

第 97 问　职工参加企业年金计划需要满足什么条件？

答： 根据《企业年金办法》，企业年金方案适用于试用期满的职工。因此，职工参加企业年金计划需满足两个条件：一是依法参保缴纳基本养老保险；二是试用期已满。一般来说，职工所在企业建立企业年金的，在新职工试用期到期后即自动加入企业年金计划。企业会为新加入计划的职工开立企业年金账户并按照职工相应岗位或收入，按照企业年金方案规定确定其缴费基数和缴费数额。由于职工与企业签订合同年限不同或是企业与职工约定情形不同，职工的试用期可能存在不同，因此在实际操作中，企业年金管理人员应当注意，及时在职工试用期满时向账户管理人提供开立账户所需信息。职工也可选择不参加企业年金计划。由于企业年金也属于企业福利的一部分，实际上，较少有职工不愿意参加的情况。如有放弃参加企业年金计划情况的，职工需要提交放弃参加企业年金计划的声明。职工放弃参加企业年金计划后恢复参加的，需要提交书面申请，经审批后可恢复缴费。

相关依据：

《企业年金办法》（人力资源社会保障部令第 36 号）

第 98 问　职工调动或离职，其企业年金如何处理？

答： 部分职工会存在疑问，如果因离职而未在原单位退休的，个人缴纳的企业年金是否"白缴"了呢？根据《企业年金办法》，职工个人缴纳的部分自始至终归属于职工个人，而对应的企业缴费部分，依据企业年金方案所约定的规则进行权益归属。若职工在企业的服务年限超过 8 年的，企业缴费部分全部归属个人。因此，不存在"企业年金白缴了"的情况。若职工因工作调动或离职而离开单位的，其企业年金不能领取，但其已归属的企业年金个人账户权益属于职工个人。若新就业单位已建立企业年金或职业年金的，其个人账户应当随同转入新单位的企业年金计划。职工需向原单位提交企业年金个人账户转移的申请，一般由新单位出具转移企业年金联系函，并提供新单位企业年金计划的账户信息，原单位企业年金管理人在定价日进行个人账户的资产净值计算，并按照职工服务年限等情况计算企业缴费部分的归属比例，经审核无误后进行划款操作。新单位收到划款后，即将此部分资产计入该职工个人账户。

若职工新就业单位并未建立企业年金的，或职工升学、参军、失业期间，其个人账户可以保留在原企业年金计划，由原企业年金管理机构进行管理，也可以选择将个人账户转入由法人受托机构发起的集合计划设置的保留账户暂时管理。待职工参加新的企业年金计划后转入新计划，或待职工满足企业年金领取条件时领取。

相关依据：

《企业年金办法》（人力资源社会保障部令第36号）

第99问　职工如何了解所参加的企业年金计划情况？

答： 建立企业年金，企业应当与职工一方通过集体协商确定。企业年金方案应提交职工代表大会或全体职工讨论通过。讨论通过的企业年金方案，须提交人力资源和社会保障行政部门备案。在实际操作中，企业还会通过印发文件等方式印发企业年金方案，职工可以通过查看文件等途径知晓本单位企业年金方案内容。在年金计划运行之中，受托人要接受委托人查询，并定期向委托人提交企业年金基金管理和财务会计报告。发生重大事件时，受托人应及时向委托人和有关监管部门报告。若企业年金采用理事会模式管理的，企业年金理事会应当由企业和职工代表组成，也可以聘请企业以外的专业人员参加，其中，职工代表不应少于三分之一。通过让职工加入理事会的方式，提升企业年金管理的透明度。

目前，很多账户管理机构开发了手机端App，参加企业年金计划的职工可以通过手机应用便捷地查询本人的企业年金账户情况。此外，建立企业年金的企业，一般会定期将企业年金运营和收益情况汇报给职工代表大会，让企业职工了解企业年金运营的整体情况。

相关依据：

《企业年金办法》（人力资源社会保障部令第36号）

《企业年金基金管理办法》（中华人民共和国人力资源和社会保障部　中国银行业监督管理委员会　中国证券监督管理委员会　中国保险监督管理委员会第11号令）

第八章 个人养老金及其他

第 100 问　个人养老金是什么？

答： 个人养老金是指政府政策支持、个人自愿参加、市场化运营、实现养老保险补充功能的制度。个人养老金政策是一种政府政策支持的养老保险补充制度，通过个人自愿参与、市场化运营的方式为参与者提供额外的养老保障。参与个人养老金计划的个人可以享受税收优惠政策，同时在达到领取基本养老金年龄、完全丧失劳动能力、出国或出境定居等条件下，可以领取个人养老金。2022 年 11 月，先行在 36 个城市实施个人养老金制度，截至 2024 年 6 月底全国超过 6000 万人参加个人养老金。

相关依据：

《个人养老金实施办法》（人社部发〔2022〕70 号）

第 101 问　个人养老金如何开户？

答： 参加人参加个人养老金可通过国家社会保险公共服务平台、全国人社政务服务平台、电子社会保障卡"掌上12333"App等全国统一线上服务入口或商业银行等渠道，建立个人养老金账户，通过商业银行开立个人养老金资金账户。个人养老金账户用于登记和管理个人身份信息，并与基本养老保险关系关联，是记录个人养老金缴费、投资、领取、抵扣和缴纳个人所得税等信息唯一载体，也是参加个人养老金、享受税收优惠政策的基础。

相关依据：

《个人养老金实施办法》（人社部发〔2022〕70号）

第102问　一个人可以开设多个个人养老金账户吗？

答： 不可以。参加人申请开立个人养老金账户需要满足以下条件：一是在中国大陆境内参加基本养老保险；二是未达到基本养老保险待遇领取条件；三是参加人未开立过个人养老金账户。开立个人养老金账户后，可以选择一家符合规定的商业银行开立或者指定本人唯一的个人养老金资金账户，也可以通过其他符合规定的个人养老金产品销售机构指定。个人养老金资金账户作为特殊专用资金账户，与个人养老金账户绑定，为参加人提供资金缴存、缴费额度登记、个人养老金产品投资、个人养老金支付、个人所得税税款支付、资金与相关权益信息查询等服务。

相关依据：

《个人养老金实施办法》（人社部发〔2022〕70号）

第103问　缴纳个人养老金的好处有哪些？

答： 从社会层面讲，个人养老金可以减轻社会养老压力，随着人口老龄化的加剧，社会养老压力不断增大。个人养老金制度的发展有助于构建多层次的养老保障体系，有利于提高老年人群体晚年生活品质，促进社会的和谐稳定发展。

从个人层面讲，养老金可以作为基本养老保险的重要补充，提升养老保障水平。个人养老金可以通过个人的长期积累和投资，为退休后的生活提供一定的资金保障。

参加个人养老金，个人可以享受以下好处：

一是享受税收优惠：个人养老金在一定额度内享有税收优惠政策。个人在缴纳养老金时，可以在税前扣除一定金额，从而降低当期税负。

二是实现资产增值：个人养老金账户中的资金可以通过投资运营实现增值。个人养老金的投资收益全部归个人所有，有助于提升个人的退休收入水平。如果个人不幸在退休前去世，其个人养老金账户中的资金可以作为遗产被继承，为家人留下一笔财富。

三是强制储蓄功能：个人养老金账户的资金不能随意支取，只有达到法定退休年龄或其他符合规定的条件时，才能提取。这种强制储蓄功能有助于个人养成良好的储蓄习惯，确保在退休后有足够的资金维持生活水平。

相关依据：

《个人养老金实施办法》（人社部发〔2022〕70号）

第104问　个人养老金支取的条件是什么？

答： 个人养老金资金账户封闭运行，参加人达到以下任一条件的，可以按月、分次或者一次性领取个人养老金：①达到领取基本养老金年龄；②完全丧失劳动能力；③出国或出境定居；④国家规定的其他情形。

参加人领取个人养老金时，商业银行会通过信息平台核验参加人的领取资格，并将资金划转至参加人本人社会保障卡银行账户。

参加人身故的，其个人养老金资金账户内的资产可以继承。参加人出国或出境定居、身故等原因社会保障卡被注销的，商业银行将参加人个人养老金资金账户内的资金转至其本人或者继承人指定的资金账户。

相关依据：

《个人养老金实施办法》（人社部发〔2022〕70号）

第105问　个人养老金如何缴费？

答： 在开设好个人养老金账户后，参加人可以按月、分次或者按年缴费，缴费额度按自然年度累计，次年重新计算。参加人每年缴纳个人养老金额度上限为12000元，参加人每年缴费不得超过该缴费额度上限。根据个人经济情况和投资目标的不同，可以选择不同的缴纳方式和缴纳金额。

相关依据：

《个人养老金实施办法》（人社部发〔2022〕70号）

第106问　个人养老金如何投资？

答： 个人养老金可投资的产品，包括储蓄存款、理财产品、商业养老保险、公募基金等金融产品类别。个人养老金产品可以分为三类：一是保障类，主要是商业养老保险产品；二是储蓄类，主要是养老专项储蓄等；三是投资类，包括理财产品和公募基金。

参加人可以根据自己的风险偏好自主选择产品和投资金额。投资有多个渠道，除了银行本身，还可以通过其他个人养老金产品销售机构进行，但要确保该笔资金从个人养老金资金账户划款，投资结束后，资金仍然回到个人养老金资金账户。个人养老金资金账户内未进行投资的资金，按照商业银行与个人约定的存款利率及计息方式计算利息。考虑存款利息，长期来看相对较低，可以通过设置基金定投等方式，对缴费进行高效利用。

投资阶段的投资收益不征收个人所得税，在领取环节，领取的个人养老金单独按照3%缴纳个人所得税。

第八章 个人养老金及其他

> **相关依据:**
>
> 《人力资源社会保障部 财政部 国家税务总局 银保监会 证监会关于印发〈个人养老金实施办法〉的通知》(人社部发〔2022〕70号)
>
> 《财政部税务总局关于个人养老金有关个人所得税政策的公告》(财政部 税务总局公告2022年第34号)

第107问　社会保险对落户有影响吗?

答: 社会保险缴纳是落户条件的重要部分,如社会保险缴纳时长不足、基数过低或个税不匹配等情况均会影响落户申请。

以杭州市为例,全日制普通高校专科毕业生落户要求,在杭州市区范围落实工作单位,并按规定缴纳社保,需要提供社会保险缴纳证明。对于技能型人才,落户条件为:45周岁以下具有技师及以上职业资格(或职业技能等级二级及以上证书)、35周岁以下具有高级工职业资格(或职业技能等级三级证书),在市区工作且已由工作单位正常缴纳6个月及以上社会保险(不含补缴)。

在上海,持有《上海居住证》人员申报本市常住户口,条件之一为持证期间按规定参加本市城镇职工社会保险累计满7年。激励条件中,对于缴费基数较高者,即最近连续3年在本市缴纳城镇社会保险基数高于本市上年度职工平均工资2倍以上,或者最近连续3年计税薪酬收入高于上年同行业中级技术、技能或者管理岗位年均薪酬收入水平的技术管理和关键岗位人员,可以不受"本市被评聘为中级及以上专业技术职务或者具有技师(国家二级职业资格证书)以上职业资格"的限制。而北京居转户的过程中,必要条件之一也是在京连续缴纳社会保险7年及以上。

由此,按规定足额缴纳社会保险,对人员落户有着重要的影响。

社会保险百问百答

> **相关依据：**
>
> 《北京市积分落户管理办法》（京政办发〔2020〕9号）和《北京市积分落户操作管理细则》（京人社开发发〔2020〕8号）
>
> 《持有〈上海市居住证〉人员申办本市常住户口办法实施细则》（沪人社规〔2020〕1号）
>
> 《上海市人民政府关于印发〈持有上海市居住证人员申办本市常住户口办法〉的通知》（沪府规〔2019〕45号）
>
> 《杭州市人民政府办公厅关于进一步深化户籍制度改革的实施意见》（杭政办函〔2023〕33号）

第108问　社会保险对购房有影响吗？

答： 安居才能乐业，买房是一个家庭的大事。部分城市的购房政策对社会保险缴纳有一定的要求。

对持有北京市有效暂住证在本市没有住房的非北京市户籍居民家庭，连续5年（含）以上在本市缴纳社会保险或个人所得税，可以限购1套住房。2024年4月30日起，连续5年（含）以上在本市缴纳社会保险或个人所得税的非本市户籍居民家庭或成年单身人士，已在京拥有1套住房的，在执行现有住房限购政策的基础上，允许在五环外新购买1套商品住房（包括新建商品住房和二手住房）。根据《关于进一步优化调整本市房地产相关政策的通知》（京建发〔2024〕400号），自2024年10月1日起，非本市户籍居民家庭购买五环内商品住房的，缴纳社会保险或个人所得税的年限，调整为购房之日前连续缴纳满3年及以上。购买五环外商品住房的，缴纳社会保险或个人所得税的年限，调整为购房之日前连续缴纳满2年及以上。

根据《关于优化本市房地产市场平稳健康发展政策措施的通知》（沪建房管联〔2024〕258号），非上海户籍居民家庭及单身人士在上海购房，缴纳社会保险或个人所得税的年限要求，2024年5月24日起，调整为购房之日

100

第八章　个人养老金及其他

前连续缴纳满 3 年及以上。2024 年 10 月 1 日起，根据《关于进一步优化本地房地产市场政策措施的通知》（沪建房管联〔2024〕502 号），非上海户籍居民家庭及单身人士购买外环外住房的，购房所需缴纳社会保险或个人所得税的年限调整为购房之日前连续缴纳满 1 年及以上。

> **相关依据：**
>
> 《关于优化调整本市住房限购政策的通知》（京建发〔2024〕155 号）
>
> 《关于进一步优化调整本市房地产相关政策的通知》（京建发〔2024〕400 号）
>
> 《关于落实本市住房限购政策有关问题的通知》（京建发〔2011〕65 号）
>
> 《关于优化本市房地产市场平稳健康发展政策措施的通知》（沪建房管联〔2024〕258 号）
>
> 《关于进一步优化本地房地产市场政策措施的通知》（沪建房管联〔2024〕502 号）

第 109 问　社会保险与人才认定相关吗？

答： 许多城市为加强高层次人才吸引力、提升城市综合竞争力，出台了多样的人才待遇政策。以杭州市为例，高层次人才目录包括国内外顶尖人才、国家级领军人才、省级领军人才、市级领军人才、高级人才（分别称为 A、B、C、D、E 类人才来指代）。符合条件的人员，可以申请高层次人才认定，其中需要提供的材料之一即为在杭州参加社会保险的证明。

目前，一线城市、新一线和二线城市等，均出台了一定相关优惠政策。而社会保险的缴纳情况在人才认定中起着一定的作用，它是认定人才与用人单位之间劳动关系存在与否的依据，也是评价人才能力和贡献的一个重要标准。

相关依据：

《社会保险法》

《劳动和社会保障部关于确立劳动关系有关事项的通知》

《杭州市高层次人才分类认定办法（试行）》

《杭州市高层次人才分类目录》（杭委人办〔2019〕7号）